思故鄉港 教材系列

香港是我家

單元一

香港是何地

香港的名字由來 ｜ 標誌 ｜ 地圖 ｜ 自然生態與氣候特點 ｜ 香港的十八區

作者　思故鄉港教材企劃團隊

序

「有生之年，只要能夠做一點事，改變一位年輕人的命運就足矣。」

我30多年前到美國時，除了工作上的同事，沒有一位親朋戚友、沒有接觸香港獨有的廣東話。除了工作上的需要、對孩子的教育，生活安排都非常吃緊。若然下一代要學習廣東話，當時的做法是：堅持在家用廣東話，亦要四處張羅合適的廣東話教材。因此，希望這本教材能夠提供不單語言，更有香港精神的價值觀傳承予香港人的後代。

來美30多年，目睹不少港人經時間洗禮，對香港人精神會慢慢模糊，甚至淡忘。我受益於在其嚴謹道德底線內又極度包容精神下成長，加上每年回港工作多次，可歸納香港人精神為如下：

1. 認同並追求在公平公義環境下的自由和法治；
2. 嚴謹的道德底線內又極度包容；
3. 有豐富的國際視野；
4. 專業而勤奮。

香港人除了力爭上游，更能夠掙扎求存。香港人時常掛在口中的「執生」更加是在健全法治觀之下，充滿自由、鼓勵創意、敢做敢拼的突出港式文化。香港人精神，無論在文化創意、科研，各式各樣的工作都製造了大量向上流動的機會，為香港人帶來經濟效益、專業和自信！

不幸的是，舊香港已經銳變到美麗新香港，大批香港人要離開家鄉，到一個陌生地方重新開始，一如我初到美國以及其他同輩，首要處理生活上改變的壓力和安排，再經時間洗禮，我擔心獅子山精神的傳承也是一大挑戰。

我感到海外港人要發揮固有香港人精神，首先是能夠聯繫港人一起，在外語遍布的環境下，仍能感到並不孤單，要創造一個精神上的香港，需要「香港人」價值觀的共鳴，語言作為載體就十分重要。

縱觀目前學中文的大環境，都是以普通話為主，價值觀亦有差別，港人後代未來要保全流利的廣東話語言能力及香港人價值觀，絕對是困難重重，為此我希望能夠協助有心人，編寫不同的廣東話教材，延續香港人價值觀，盡力為香港人盡一點力，期望能夠保存香港人精神！

Alex Woo
Hongkonger Community Center (HKCC)推動者
矽谷科技公司創辦人

推薦序

很多事情，往往要經過時間沉澱，當中的價值才能被人認識，滋味才能領會。教科書當屬一例。教科書給我的感覺一直在變。中學時，每年拿著書單，到書店花數以千圓購買，有新的，有舊的，每年只當例行公事。大學預科，用的是大學教授撰寫的學術書，開始知道中學教科書很多時為了遷就學生水平將內容簡化，事實原貌可能受到影響。出來工作後，開始明白教科書的編寫受意識形態和政府政策左右。我仍記得2004年投稿《明報》世紀版，討論新編會考歷史科教科書，第一次揭露特區政府禁止教科書提及九七年前香港曾是英國殖民地。

然後，國教事件成為重要轉捩點，堂堂浸會大學編製的《中國模式：國情專題教學手冊》竟然將中共描述成「進步、無私與團結的執政集團」。反送中運動失敗後，中學教科書全面淪陷，新版書的內容被大幅閹割：傳媒被閹去了「監督政府」功能，香港閹去了三權分立；未能及時改版的，竟發出通告要求學校不要使用課本中旨在訓練批判思維的練習，以免觸犯宇宙大法。

回想起來，當年被指為悶到抽筋、平白描述事實的課本，原來已是一種境界。1966年，成立不久的香港中文大學發表研究報告，批評香港的歷史教科書「變成了死屍，使這科毫無生氣，平鋪直述，僅是一筆流水帳」，但最少它們會盡力保存史實，不會刻意篡改歷史，馮京作馬涼。有時，甚至會有驚喜，例如我中三的中史教科書，會提及1949年以後的台灣史。這，當然已成絕響。

同樣已成絕響的，是客觀鋪陳事實，鼓勵學生按普世價值和邏輯進行多角度思考，盡力減少政治正確的干預。

教科書可以忠於事實嗎？可以不受政治干預嗎？可以編得有趣味嗎？這些都是教育工作者關心的。

以上目標，在香港本土而言已是痴人說夢，看來只能禮失求諸野、求諸「夷」。

機緣巧合之下，知道身處臺灣的思故鄉港教材企劃團隊正在製作《思故鄉港教材系列》，對象是香港的兒童。筆者閱讀過第一冊「香港是何地」，內容涵蓋香港地名由來、香港的象徵標誌、香港地圖、香港自然生態與氣候特點及香港十八區。這些乍看起來其貌不揚的課題，細讀之下處處顯出編者的功力和勇氣。以下舉例說明。

一、「香港是誰的香港？」，這個課題若出現於香港出版的教科書，必然會閹去殖民地、香港人等元素，但這書卻給了六個面向：大清香港、英國香港、中華民國香港、中華人民共和國香港、國際香港、香港人的香港。坦蕩蕩的事實，與當今一味對中共歌功頌德形成了如雷貫耳的反差。

二、殖民地年代的香港，是香港成長不可或缺的元素。美麗新香港的歷史博物館連「殖民地」一詞也要回避，一般教科書對相關事實亦可免則免，此書卻載有相當資訊，例如群帶路傳說和界碑、殖民地旗幟、香港盾徽及紋章。筆者印象最深刻的是此書花了相當篇幅介紹不同時期的香港旗，讀者藉此能對「香港」建立更真實的感覺。

三、無論什麼時代，香港的內涵一直都在變，尤其最近幾年，已經恍如隔世。教材必須採用最新資訊，讀者方能有所裨益。這一點，本書做到了：台風山竹襲港及相關二次創作、反送中運動中的獅子山直幡、黑洋紫荊旗等，都能有助讀者思考「香港是什麼」這個核心課題。

四、讀者的信心，來自於認真的製作。本書除了提供實用的參考書目外，書中各處還備有大量注腳，反映所言皆有出處，編輯專業務實。

過去數年，筆者讀過不少新出版的教材，都是令人搖頭嘆息的嘔血級作品。手拿這本書，乃九七之後少有的佳作，讀之不啻如見清泉。我向各位誠意推薦，希望香港的小朋友能夠藉此對自己的家建立準確、客觀的認知，抗衡洗腦，尊重事實，擁抱普世價值。

楊穎宇

香港考評局前歷史科經理

一、課程理念及教學目標

課程理念

「故鄉」放諸每個人心目中也有截然不同的感受，也許這系列書籍中的某句話、某張圖能觸動你的心，
把我們的「故香」活現於彼此眼前。

各位家長，移居到海外以後，或許你與我一樣，經常無間斷地思考我們的下一代如何傳承「香港人」的身
份。還望這一系列的書復刻我們的常識與通識課程，讓下一代認識香港。

身為家長，我們都希望孩子尋根、思源，在這段路上我們擁有彼此，透過文字交流，與你並肩，不會孤單。

希望這一系列的書籍，能夠成為香港人的禮物，保留香港的文化與特色。

本課程是根據下列的理念而擬定：

香港與民更始的時代啟航，而繁榮發展的背後，經歷了浩如煙海的大小事。帆船過往是香港的標誌，代表我
們由小漁村發展至國際都會這一段引以為傲的歷史。今日的香港卻未有再向前啟航，在回頭的路上，我們看
到很多值得珍惜的碎片，卻一點一滴流失及被抹掉。還望這一份課程指引能拋磚引玉，令在各地的香港人也
有意識地保存香港人的身份與價值。在借來的時間，借來的地方，我們曾經創下奇蹟，在未來的時間，未知
的地方，希望再次發生奇蹟。

香港的歷史可以追溯至舊石器時代，香港自清朝以來屬英國的殖民地，各方面的香港社會與政治環境而致
「香港人意識」與身份認同萌生於七十年代中期，並在近年尤其深化，在此前所未見。

香港人、香港地；生於斯、長於斯。香港擁有很多獨特的生活方式和文化，香港人亦為此感到自豪。而香港
人的身份認同，涉及語言、文化傳承、歷史、民生狀況、政權管治、國際地位等多種因素，認同程度也會隨
著外在環境或主觀感情而變化。

在四十年代，香港經歷人口結構的劇變，從國共內戰、日本侵華，大量從廣東珠三角洲區域的難民南下，香
港人口暴增至二百多萬。這個時期，香港華人與中國內地依然保持密切的關係，文化生活、模式十分類近，
對香港人身份的認知仍未建立。直到五、六十年代，而社會更彌漫著一場悠長假期終會到期的想法。當時的
社會結構主要由「難民」和「僑居者」組成。在殖民政策之下，對香港人的身份十分零散、模糊不清。直到
香港經濟逐漸起飛，受西方文化影響，中國傳統文化式微，「香港製造」的歌曲、電影與電視劇創作猶如雨
後春筍，更邁向國際，最終結合成獨一無二的香港文化；香港人從「殖民化」銳變成「本土化」，新的思潮
與情感促使香港人的身份得以穩固。隨後經歷九七主權移交，脫港移民潮湧現；及後面對修例風波，香港再
起另一波的移民潮。

對香港人來說，2012年至今不過十一年卻已恍如世紀，依然是無法忘懷影響最深遠的數年，香港人曾一同撐
起雨傘，守衛我們的家。即便渡過了以上種種，香港人散落於世界各地，但對香港的愛依然沒有減少。

為此，本課程期望傳承香港人的身份認同與意識，讓香港人能修讀沒有被篡改不偏不倚的香港歷史。
同時，本課程將成為海外香港人集體回憶的載體，保留即將失去的內容。這個過程，需要有你的參與。

本課程主要對象為高小、初中學生。為他們提供適切的課程內容，以配合其個人成長和未來發展的需要。因
此，本課程著重於文化與承傳，綜合和更新了香港的經濟、社會、政治的歷年各大事件以策應在海外之香港
人認識香港的背景與歷史的需要，讓高小、初中生潛移默化地以更廣闊的視野來熟悉香港生活和身處的社
會。學生透過此課程能對香港的社區、經濟、政治、文化及歷史都有深入的領悟，培養對香港的身份認同
感，並成為具備責任感的世界公民。

本課程綱要的設計有利教師或家長配合組織培訓與運用不同的教材使「香港精神」得以延續、世代相傳。

適合對象：
- 高小、初中學生、所有香港人和喜歡香港文化的大家。
- 家長：與孩子共讀學習，承傳對香港人的身份認同。
- 教師：組織學習小組，傳播香港文化，提升對香港的歸屬感。
- 各位：適合成年人一同來捍衛、保留香港文化！

宗旨：
- 提高學生對香港的認識與香港身份認同感。
- 讓學生承傳香港的歷史，強化對香港的情意發展。
- 培養學生積極的世界公民態度，並致力貢獻香港和世界。
- 為學生提供一個輕鬆自然的學習氣氛，讓學生能全心投入廣東話的世界。

學生在完成課程後, 應能：
- 掌握香港社會發展的基本概念與辭彙。
- 指出香港各大事件的因果關係。
- 找出香港歷史事件和發展的演變及延續。
- 從多角度認識與理解香港歷史的主要特徵與發展，及與世界的關係。
- 明白學習香港歷史是一種責任與義務，發揮香港人自強不息的精神。

課程特色
- 保留香港本土文化與特色 。
- 內容以香港為主軸。
- 設有互動課堂活動 。
- 加入反思延伸問題 。
  - ✓香港知識 ✓歸屬感 ✓香港人身份認同

二、如何運用此書

本書分為一書兩冊（課本及工作紙），設有教師版與學生版。
在本書中，教師或家長可以靈活運用所有課題，並按照學生的程度以調整課題的內容。本課程需要具備一定的中文基礎。而課程藉生活化題材以興趣誘導式教學，著重廣東話運用與學習——包括聽說及書寫。

下載資料：

簡報 (Power Point)
每一個課題均附有電子簡報（Power Point），而簡報配合課文內容，會提供文字資料、圖片、地圖及YouTube影片等等。教師或家長可先到我們提供的網站下載，應用前可先了解簡報的詳細內容。如有需要，可以把教材內容剪裁及調配，善加運用。

工作紙
每一個課題均附有工作紙，在課堂教學以後讓學生完成，深化作課堂知識。
工作紙的模式非常多元化，包括繪圖設計、延伸思考，及體驗式活動等等。

香港是我家

香港
Hoeng¹ Gong²
HONG KONG

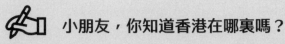
小朋友，你知道香港在哪裏嗎？

知道　/　不知道

不如跟著蛋撻仔
一同認識香港吧！

香港的特色

每個人心目中都有不一樣的
香港，香港特色是：

1. 搭枱吖！

2. 好快㗎！

3. 講求效率

您們曾住在香港，
香港是一個怎樣的地方？

交通四通八達，好方便！
只要一張「八達通」就能到處通行！

五光十色、金碧輝煌！

大家的節奏都非常急速！

店員好忙碌…
說話有時很大聲呢！

餐廳？我最愛街頭小食：雞
蛋仔、魚蛋…

我：

4. 得閒飲茶啦！

5. 好熱鬧

6. 好高喋！

7. 好方便！

8. 中英夾雜

食 Lunch 先！

小知識

你知道為什麼茶餐廳會有「下午茶」嗎？

是英國人將「下午茶文化」帶進香港的。這是當時英國上流社會的活動，他們會在下午三時後在高級西餐廳享用西餅及英式奶茶。後來，「下午茶文化」流傳到香港，逐漸大眾化。

在你心目中，香港的特色是什麼呢？
請把你的香港繪畫在此：

當我們打開搜尋器⋯
嘗試找尋什麼是香港⋯

1 具有英國特色的香港

2 與國際不可分割的香港

背景	🇬🇧 1841年1月26日開埠
	🇨🇳 1997年7月1日主權移交,為中國的特別行政區

法律	《基本法》：「一國兩制」、「港人治港」

經濟	▶ 通用港幣
	▶ 聯繫匯率制度：與美元掛勾
	▶ 金融、貿易、旅遊及物流

法定語言	▶ 中文
	▶ 英文

人口	（至2021年）約739萬人
	世界上人口密度最高的地方之一

小知識

新界租借予英國的99年期滿前，英國政府和中華人民共和國政府多次商討香港未來的安排，並最終於1984年12月19日中、英兩國政府在北京共同發表《中英聯合聲明》，中國政府於1997年7月1日收回香港地區(包括香港島、九龍半島和新界)，而英國政府則同意把香港的主權移交給中國。

而接下來其他部份的「香港」
就讓我們跟著蛋撻仔去探索吧!

為什麼香港會這麼「多元化」與「國際化」呢？

這就跟香港以往的經歷很有關係了……

時序簡表

1368		大明
1636		大清
	1841	香港開埠
	1843	英國殖民地
1912		中華民國
1949		中華人民共和國
	1997	香港主權移交

1841香港開埠，什麼是「開埠」？

開埠是讓人們可以在那裡興建港口或城市，讓貨物可以相對自由地進出，人們可以從事商業活動，就會讓那個地方變得更加繁榮。

香港成為可以自由貿易的港口，可以說是踏入國際舞台的重要一步！

1843年英國宣布設置「香港殖民地」，什麼是「殖民地」？

殖民地是一個國家或地區被另一個國家或地區統治或控制。通常是由於武力或其他手段而建立的，殖民地的統治者會將自己的文化、語言、習俗等強加給被統治的民眾。

原來香港跟英國有很多相似的地方，就是因為曾經是英國的殖民地，但是香港還有很多其他的文化，並不是跟英國完全一樣的！

1997年香港主權移交，什麼是「主權」？

主權就是一個國家對自己領土內事務的掌控權，也就是一個國家對自己領土內的法律、政治和經濟決策有控制的權力。

但是主權來自於民眾，而國家只是代表民眾行使主權的組織。也就是說，國家的決策應該符合人民的意願和福祉，而不應只考慮當權者自己的利益。

主權為什麼要移來移去？
難道香港人不可以自己決定香港的事情嗎？

香港是誰的香港？

大清香港

英國香港

中華民國香港

中華人民共和國香港

國際香港

香港人的香港

香港經歷過這一切才變成現在的香港，對嗎？

 沒錯，但是香港的將來應該是屬於香港人的！

第一章：香港的名字由來

香港

第一章：香港的名字由來

爺爺，您知道香港為什麼叫「香港」嗎？

我曾聽說：「香港是一個『運香的港口』」，
因此命名。

好像不是呢！
我聽說：「昔日香港因為水質甘香甜美，
所以稱為『香江』。」

不如讓我來解開大家的疑惑吧！

◆ 「香港」這個名稱的起源故事，歷年以來有許多不同的解釋。
◆ 當中有一些只是傳說，已經不可考證；有一些是根據史實，可以得到證實。

香港名字來源至今仍存有爭議。

什麼是傳說？什麼是史實？

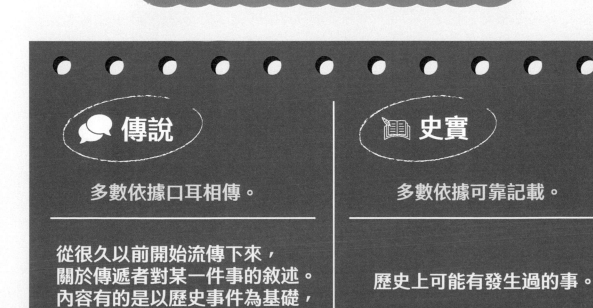

傳說

多數依據口耳相傳。

從很久以前開始流傳下來，
關於傳遞者對某一件事的敘述。
內容有的是以歷史事件為基礎，
有的是虛構。

史實

多數依據可靠記載。

歷史上可能有發生過的事。

原來傳說可能不是真的，我們真的要小心呢！

那麼要怎樣才能分辨出史實呢？

雖然我們很難確定什麼是史實，但還是有些小工具可以幫助我們的！

事實檢驗小工具

問一問: 這個資料是從哪裏來的？

確認資料來源：通常來說，史實應該是有可靠的資料來源支持的，例如文獻、考古發現等等。而傳說則可能來源不明，或是只有口耳相傳的版本。

比一比：還有其他資料我們可以看到嗎？

比對多個資料來源：如果同一事件在多個資料來源中都有記載，那麼這事件很可能是史實。如果只有一個資料來源，那麼這事件可能屬於傳說。

查一查：不同資料的細節有沒有矛盾？

檢查時間地點的細節：如果事件的時間和地點在不同的資料來源中都有一致的記載，那麼這事件很可能是史實。如果不同的資料來源對事件的時間和地點有不同的記載，那麼這事件可能是傳說。

想一想：不同資料之間可以看得出變化嗎？

考慮流傳版本的變化：傳說通常在口耳相傳的傳承過程中會有變形或加入額外的元素。如果一個故事的版本很多，而且每個版本之間有明顯的差異，那麼這個故事可能是傳說。相反，如果一個事件在不同的資料來源中都有類似的描述，那麼這事件很可能是史實。

原來除了可以分辨史實，還可以用在日常生活的。

對呀，我們平常都要學會分清真假呢！

「香木說」

與香木的栽種和製香業有關，
「香港」因為「香氣」而聞名。

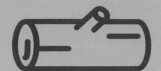

1 香木（樹木）

明朝的香港盛產香木，
屬於莞香一類。

2 製產成香品（線香）

香木作為原料能製產成各
種香料製品，例如靜修時
作點綴。

3 碼頭出口

香品從尖沙咀（昔：香埗頭）運
至石排灣（昔：香港村），集中
後運往廣州，並遠銷到中國、
南洋及阿拉伯國家等地[1]。

*「香粉」：

香粉由香木製成，用來製造敬
神的香。先用水車將香木輾成
粉末[5]，再由製香工人進行「搓
骨」或「淋香」的工序，香枝
成型後經過包裝便能出售。

有關工序可至「單元工作紙」學習。

---

*所述的「香木」就是土沉香，又
名莞香樹、女兒香等等。當然燒
其木材時會散發出沉香味，可為
沉香替代品。

而且，它還是香港的
原生植物，至今仍可
找到土沉香呢！

5 得名「香港」

歷史學家估計沙田白田村附
近尚有名為香粉寮的地方，
正與當時的製香業有所
關連[4]。「香港」得名於「運
送香料的港口」，因為香埗
頭及香港村兩處皆有「香」
一字，大家便以「香港」總
稱全島。

4 大受歡迎

其中，於廣東及江浙大受歡
迎。而今日新界沙田一帶
（昔：瀝源），及大嶼山西北
部（昔：沙螺灣）的香木出品
最佳[2]。直至二十世紀初，荃
灣仍然保留十多家香廠[3]（製香
工場）。

香粉

香木

沉香是珍貴的植物，當樹幹受真
菌入侵後會散發香氣，供作香料
及藥用，有鎮靜、止痛、驅風的
功效，也可用作「拜神」。
現在，中國境內的土沉香由於非
法採伐而將近絕種，香港的郊野
公園依然能找到土沉香。

1 魏白蒂(2014)。《說沉香，話香江─香港得名源流考》(頁140)。香港:明報出版社。
2 《新安縣志‧輿地略》卷二〈輿地二.物產〉。
3 蕭國健教授(指導顧問)、鄧家宙、李國柱、錢建榮、陳覺聰、黃競聰、鄭榮標、施志明、德斯文(編輯委員) (2011)。《香港歷史探究》(頁 33):
香港史學會。
4 劉智鵬、劉蜀永(2019)。《香港史:從遠古到九七》(頁36)。香港:香港城市大學。
5 劉智鵬(2010)。《展拓界址: 英治新界早期歷史探索》(頁193)。香港:中華書局(香港)有限公司。

第二種 說法「紅香爐港口說」

與天后娘娘顯靈有關,後來演變成「香港」地名。

1 發現紅色香爐

傳說中,漁民撈獲一座在海上漂浮的紅色香爐。

2 鄉民興建廟宇 將之供奉

當時的鄉民和漁民認為是天后娘娘顯靈,便叫人上香奉祀。隨後興建一個廟宇,用這個香爐將之供奉上香[6]。由於「靈驗」的緣故,廟貌便發展起來。

3 得名「香港」

紅香爐天后廟所在的山就是紅香爐山。「紅香爐港」,簡稱香港。因此,演變成「香港」地名。

經歷史學家的查證,紅香爐山曾為香港島的總稱[7]。

第三種 說法「阿群帶路說」

與開埠初年的香港標誌有關,因為「阿群」引路而命名。

1 英國軍隊登陸 香港島

傳說中,英國軍隊最初在香港島南部赤柱登陸。抵達後,由一名蜑家婦人陳群引路往香港島北部。

2 阿群帶路

阿群帶路(官印)

途中經過香港村(今香港島黃竹坑一帶)時,英國軍隊詢問此地的名稱時,陳群以客家話口音回答:「HEONG KONG」,英國軍隊隨即以「HONG KONG」為記。

3 得名「香港」

從此,就成為了「香港」的地名由來。

關於「裙帶路」(裙大路)的其中一種說法是:位於香港島一條漁村的地名。[8]

---

6 夏曆(梁濤)(1995)。《香港東區街道故事》(頁185)。香港:三聯書店。
7 丁新豹(1999)。香港歷史博物館 專題文章〈紅香爐與紅香爐天后廟〉。
取自https://www.lcsd.gov.hk/CE/Museum/History/zh_TW/web/mh/publications/spa_pspecial_06_01.html

8 關於「裙帶路」的說法,歷來有很多解釋與爭議。另一種說法是當日英國軍隊走過的路線均 稱為「裙帶路」;而香港開埠後由英國建立的維多利亞城,中文別稱亦為「裙帶路」。

第一種傳說：「香木說」

重點概念：香木、製香業、香港村

📜 史實小檔案 ｜ 香港村 ─────────────

你知道香港當中還有一條香港村嗎？

1596年郭棐《粵大記》的地圖上已經有香港村，這條村曾經是轉運香木的港口，現在已經改名作黃竹坑舊圍。

郭棐（1990）。《粵大記》。《日本藏中國罕見地方志叢刊》北京：書目文獻。

第二種傳說：「紅香爐港口說」

重點概念：廟宇、天后、紅香爐汛站

📜 史實小檔案 ｜ 紅香爐 ─────────────

1730年陳倫炯的《海國見聞錄》有地圖標示有名為「紅香爐」的軍事駐地，位置在大嶼山的旁邊，可以推斷是今天香港島的位置。

《廣東沿海統屬圖》
www.mardep.gov.hk/theme/port_hk/
hk/p1ch1_10.html

陳倫炯（2007）。《海國聞見錄》。《文淵閣四庫全書電子版》香港：迪志文化出版公司。

第三種傳說：「阿群帶路說」

📜 史實小檔案 ｜ 裙帶路

群帶路里程碑

1842年有關香港田地爭議的檔案《香港等處稅畝總呈》，記錄了元朗大地主鄧元勳在港島購買土地作祖墳，提及他們在明末已經擁有「裙帶路」附近的土地。

光緒20年（1894）重抄道光22-24年（1842-44）。《香港等處稅畝總呈》。HKUL eBooks：https://digitalreposito-ry.lib.hku.hk/catalog/4j03f5130#?c=&m=&s=&cv=&xy-wh=-1464%2C101%2C4427%2C2201。

活動：

想一想

「紅香爐港口說」

「香木說」

「阿群帶路說」

你較相信哪一個說法呢？為什麼？

請把答案寫在單元工作紙上。

💡 概念

香木（土沉香）
紅香爐
阿群帶路
開埠

請完成
「香港的名字由來」
單元工作紙

單元港字典

歷年：以往每一年。
例句：曉晴用盡了歷年的積蓄，才能在香港買到一間房子。

盛產：產量豐富。
例句：香港新界區的荃灣川龍村盛產清甜美味的西洋菜。

顯靈：鬼神顯現其形象或徵兆。
例句：香港開埠至今，在坊間一直流傳很多傳說與神明顯靈有關。

第二章: 香港的象徵標誌

第二章: 香港的象徵標誌

★ 香港是一個「亞洲國際都會」，在十九世紀嶄露頭角，後來也經常在國際間展現鋒芒。

★ 「象徵」就有如一個國家或地方的名片般，不但展現出風格特色，還具備代表性。

象徵式標誌可以喚起大家的記憶，只要一看到就可以聯想到某個國家或地方。
每個國家或地方都會有一些標誌性的事物，讓大家印象非常深刻。

旗幟是國家、地區、軍隊等組織用來代表自己的標誌，通常是在長方形
的布條上繪有象徵性的圖案。

香港什麼時候才開始
有自己的旗幟？

不如我們先看看下面那些
旗幟吧，你能找到1871年
代表香港的旗幟嗎？

1871年 – 1876年的 H.K. 旗幟

英國殖民地旗幟

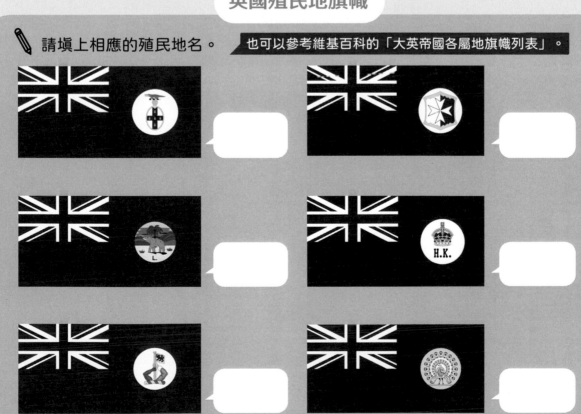

✏ 請填上相應的殖民地名。　也可以參考維基百科的「大英帝國各屬地旗幟列表」。

為什麼上面的旗幟都那麼相似？

因為這些都是英國殖民地的旗幟，
所以主要都以聯合旗（Union Flag）為底層，
但是每面旗幟都有不同的呢。

對呢，你喜歡代表香港的旗幟嗎？

香港在1871年擁有第一幅獨特的官方旗幟。當時香港是英國殖民地，
旗幟設計與其他殖民地相似，但是旗幟有「H.K.」作為香港的簡稱。

香港旗應該要有代表香港
的元素，只有HK兩字會不
會有點簡約了？

那麼有什麼可以
代表英屬香港呀？

咦，英國剛到香港時不是有「阿群帶路」的傳說嗎？

1876年 – 1959年的「阿群帶路旗」

1876年的英屬香港旗幟當中引入英國人眼中的香港特色，改用香港開埠
時英國商人與香港商人通商情景的阿群帶路圖。

1876年 - 1955年

1955年 - 1959年

活動： 阿群帶路圖找不同

請找出新版與舊版的阿群帶路圖有什麼不同！

這兩張圖片有什麼不同了？

你看！紅色旗變成藍色旗了，還有船的樣子也不一樣！

這是什麼船呀？很特別呢！

「鴨靈號」帆船

帆船是香港漁港身份象徵，「鴨靈號」原是一艘由漁民擁有的漁船。

直到1980年代，英國商人向漁民購買這艘漁船並進行大規模的翻修，租予香港旅遊發展局作為一艘定期開放給遊客的觀光船，接載旅客遊覽維多利亞港。

2014年，「鴨靈號」疑因失修沉沒。
後來成功打撈上水，得以修復並保留原來的面貌繼續航行。

它還是香港目前唯一仍在運行的典型古老中式帆船呢！

「鴨靈號」是香港擁有近百年歷史的光明船廠負責維修的呢！

除此之外，其餘兩艘經典木帆船「大張保」和「張保仔」，甚至全香港逾六成的營業船都是由光明船廠 Made in Hong Kong！

光明船廠，圖片來源：香港《蘋果日報》

「大張保」，圖片來源：香港《蘋果日報》

「張保仔號」，圖片來源：香港《蘋果日報》

你喜歡阿群帶路圖的哪些元素？
這些元素可以代表香港嗎？

原來帆船也是象徵香港的重要元素！

所以在新的標誌就保留帆船元素了，
你看看這個「香港紋章」！

1959年 – 1997年的香港紋章旗

東方之珠：東方的珍珠象徵香港繁榮發展

護盾獸：獅子代表英國；龍代表中國

香港島：英國最早登陸香港的地方

 香港紋章的設計者是韓美洵（Geoffrey Cadzow Hamilton），紋章當中很多元素都反映了香港的特色。

小知識

香港自治運動的「龍獅香港旗」

這幅旗幟當中的盾徽跟英屬香港時期有什麼不同？

_____

_____

1997年以後的香港特別行政區區旗

 咦，為什麼香港主權移交後的標誌完全不同了？

 其實洋紫荊也是英國統治留下來的象徵呀！

市花

1965年　香港市政局將洋紫荊定為香港的市花。

1997年　主權移交以後，香港特區政府繼續採納以洋紫荊作區
　　　　徽及區旗的圖案象徵香港。

洋紫荊有什麼特別之處呢？

它是香港獨有的品種呢！

 洋紫荊早在十九世紀被發現，
隨後證實於世界各地均沒有相同物種。

植物及林務部總監鄧恩（S.T. Dunn）於1908年將洋紫荊判定
為新物種，將其學名命為 Bauhinia x blakeana（洋紫荊）以紀
念熱衷於研究植物的第十二任香港總督卜力 (Sir Henry Arthur
Blake) 爵士伉儷（Ana）。

後來，香港的《基本法》內將洋紫荊去掉「洋」字，寫成紫荊花。
但是，洋紫荊與紫荊花是不同的品種。

認識多一點：洋紫荊
由香港政策研究所製作：
《香港區花：洋紫荊？紫荊？| 港您知 小故事》。

洋紫荊 羊蹄甲屬

 紫荊花 紫荊屬

洋紫荊的特徵
花瓣寬短，為深紫紅色，有五條雄蕊。

你來猜猜吧！
為什麼洋紫荊會被
寫成紫荊花呢？

小知識　你知道嗎？ 原來，洋紫荊是無法結果的！

洋紫荊是羊蹄甲屬的自然雜交品種，它並不具有自我繁殖的能力，必須透過人工繁殖才能繁殖後代。常用方法有高空壓條法、硬枝扦插法，及嫁接法繁殖。

高空壓條法

硬枝扦插法

嫁接法

香港區旗

中央圖案是一朵動態的五瓣白色洋紫荊，在每片花瓣中都有一顆紅色五角星及一條紅色花蕊，各花瓣圍繞區旗中心點順時針地平均排列。

香港區徽

以洋紫荊圖案作主體，區徽中間是一朵五星花蕊白色洋紫荊。
外圈寫著「中華人民共和國香港特別行政區」和「HONG KONG」。中英文字首尾兩端之間各有一顆紅色五角星相隔，五角星的一角指向區徽中心點。

無論是區花，還是在區旗及區徽都能看見洋紫荊的蹤影啊！

在硬幣也能找到呢！

小知識

黑洋紫荊旗

這幅旗幟當中洋紫荊的跟香港特別行政區區旗有什麼不同？

_____

_____

香港人的獅子山精神？

原來香港有這麼多象徵圖案，但有好像不少都是外來的。

如果說香港本土的標誌，或者就是獅子山吧！

獅子山是位於香港九龍與新界之間的天然分界。因為從九龍方向仰望的形態像是獅子橫臥，所以就被稱為「獅子山」。

50年代前後有不少新移民居住在獅子山以南的九龍地區，他們當時的刻苦奮鬥精神也被稱為「獅子山精神」，也有人認為象徵「香港精神」。

2014年至2019年期間，香港市民多次在獅子山上懸掛直幡、燃點燭光，希望向世界表達自己的訴求。
2019年時有過百名市民在獅子山上燃點燭光，排列串成連接全港的「香港之路」的一部份，這次行動重新詮釋獅子山刻苦奮鬥的精神。

1972年至1994年期間，香港電台製作了一套叫《獅子山下》的電視劇。這個名稱也成為了劇中主題曲的名字，主題曲由顧嘉煇作曲，黃霑填詞，羅文演唱。
《獅子山下》歌曲成為幾代人的集體回憶，象徵「香港」不再是難民的暫居地，而是一個屬於香港人有歸屬感的地方。

 概念

旗幟
紋章
洋紫荊
鴨靈號（帆船）

請完成
「香港的象徵標誌」
單元工作紙

單元港字典

嶄露頭角：比喻初顯露優異的才能或本領。
例句：近年，許多優秀的香港歌手在樂壇嶄露頭角，徹底推翻「香港樂壇已死」的說法。

標誌性：某事物易於記憶及辨別，很容易就令人聯想到的既定特徵。
例句：周星馳是香港標誌性的喜劇巨星，他所創造的「無厘頭」文化曾經紅遍亞洲。

採納：接受。
例句：政府應該充分採納各位市民的意見和建議。

動態：事物變化發展的情況，或藝術形象表現出的活動神態。
例句：香港政府採用「動態清零」的措施以應對疫情。

遊覽：從容地到各處觀光，例如參觀名勝、風景等等。
例句：香港的天壇大佛是最著名的旅遊點之一，吸引了很多外國旅客前來遊覽。

失修：建築物因年代久遠，缺乏管理、維修而損壞。
例句：陳伯居住在這棟日久失修的唐樓內，屋內的設備已經非常破舊了。

第三章: 香港地圖

3.1 認識香港在世界的位置

一. 香港在世界的何方

香港位於地球上的哪個位置？

讓我用「地圖」來告訴你吧！

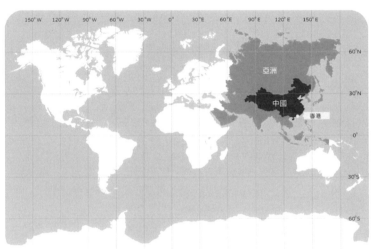

香港：

位於北半球及東半球，介乎北緯 22°08'至22°35'及東經113°49'至114°31'之間。

在亞洲的東南岸，是一個國際城市。

香港時區比世界協調時間快8小時（UTC+8）

小知識

經線和緯線是一些假想線，
能幫助人類確定在地球上任何一個地方的位置和方向。

經線	緯線

連接地球南、北極點的連線　　　　　　與赤道平行的線

⭐ 由經緯線所交織出來的網格，能作為地球表面的定位座標系統。

活動：**找找看**

不如一同拿出地球儀…
來找找看「香港」吧！

亞洲
國際城市
經緯線
赤道
定位座標系統

請完成
「香港在世界的何方」
單元工作紙

單元港字典

交織：縱橫交錯、錯綜複雜地合在一起。
例句：各種叫賣聲和討價還價聲，交織在一起，為香港的街市增添了熱鬧的氣氛。

討價還價：廣東話稱為「講價」

二． 香港在亞洲

香港的鄰國或地區是哪些呢？

讓我用亞洲地圖來告訴你吧！

但是，你知道如何分辨東南西北嗎？在學習地圖前，
要先重溫東南西北的方向呢！

我當然記得「方向」。

繪製地圖時加入「方向標」，才能清晰指示方位。

● 香港位於亞洲，亞洲地圖顯示了香港鄰近的國家與地區。還可以知道亞洲各國和地區的位置呢！

● 香港鄰近的亞洲國家有：日本、菲律賓、泰國等等。

小朋友，你曾經到訪過這些地方嗎？（請把答案寫在適當的位置內。）

有 / 沒有 ， 我曾經到過：＿＿＿＿＿＿＿＿＿ 。

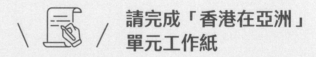

概念

亞洲地圖

請完成「香港在亞洲」單元工作紙

單元港字典

分辨：區分、辨別。

雙胞胎：廣東話稱為「孖仔」、「孖女」

例句：班上有一對雙胞胎兄弟，兩個外表非常相似，同學們都很難分辨誰是哥哥誰是弟弟。

清晰：清楚、明白。
例句：從香港移民到英國後，想起香港，所有情景還是清晰地浮現在眼前。

鄰近：接近、附近的意思。
例句：澳門鄰近香港，從上環信德中心的港澳碼頭乘船出發，約一小時就能到達澳門。

到訪：到達某處訪問或探訪。
例句：她很喜歡香港，有機會一定會再次到訪。

在地圖上的香港很「渺小」呢！
那麼香港的陸地面積是多大？

香港的陸地面積約 1113.76 平方公里[9]。
*根據香港地政總署2022年1月的數據

小朋友，你知道地圖空白的範圍是什麼嗎？
請填上適當的顏色。

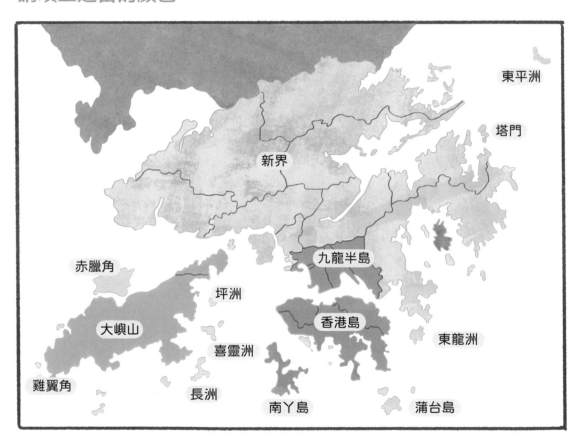

哇......原來香港島四面環海呢!

9 香港特別行政區政府地政總署(2022年1月)。〈香港地理資料〉。
取自https://www.landsd.gov.hk/tc/resources/mapping-information/hk-geographic- data.html

小知識

海島是指四面被水包圍的地方；
半島是指三面被水包圍，及一面連接大片陸地的地方。

海島

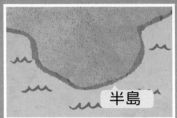

半島

概念

陸地面積
海島
半島

請完成
「香港的陸地面積」
單元工作紙

 單元港字典

渺小: 微小。
例句: 站在獅子山的山頂上，所有的高樓大廈都變得非常渺小。

香港有多「大」？

接下來，就一同來比較香港與其他國家的面積吧！

香港 1113.76 km²	台灣 36,197 km²

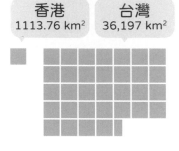

香港 1113.76 km²	新加坡 728.6 km²

香港 1113.76 km²	英國 242,495 km²

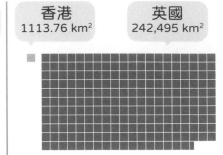

香港等於 **155,989** 個標準足球場。

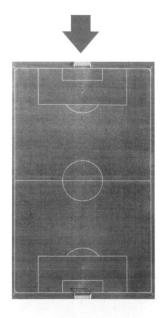

香港面積 知多一點

觀看由皮毛小知識製作：

《香港真是那麼細?用比較來分析香港究竟有幾大？》

💡 **概念**

面積
比較

單元港字典

標準：衡量事物的依據或準則。

例句：我在香港土生土長，能說出一口標準的廣東話。

在香港很多的地方，都能看到一望無際的大海!

⭐ 香港由香港島、九龍半島、新界三個主要區域及其他262個大小島嶼組成。

⭐ 香港島大部份是山丘，以太平山最高；九龍半島的面積最小、平地較多，山丘較矮；新界的面積最大，高山最多。

⭐ 香港有很多島嶼與海灣，大嶼山是香港最大的島嶼，位於香港的西南方。

找找看 能在上面的地圖找到「大嶼山」嗎? 請在適當的位置寫上「大嶼山」。

💡 概念

島嶼　山丘　平地　香港島　九龍半島　新界　大嶼山

請完成
「香港的組成」
單元工作紙

一望無際：一眼望去看不着邊際，形容非常遼闊。
例句: 晚上，坐在長洲的沙灘上，抬起頭便是一望無際的星空。

香港的隱世祕景?!

聽說很多香港市民也從未踏足過，
有機會一定要到香港遊覽一下！

香港享譽世界的特色數之不盡。不但是中外遊客最愛的「購物天堂」，以前最為人熟悉的還有五光十色的「霓虹招牌」，甚至吸引很多荷里活電影來香港取景。除了大眾化的旅遊景點外，「香港的盡頭」也擁有豐富的自然奇景。

香港最東端: 東平洲

位於新界大埔區大鵬灣，被譽為「香港四大自然奇景」，同時獲納入香港聯合國教科文組織世界地質公園。

全島由沉積岩組成，最有名的是有如千層蛋糕的頁岩。而且，更是香港非常受歡迎的郊外旅遊及學校地理考察地。

圖片來源：Sun8908, wikimedia commons CC BY-SA 4.0

香港最南端: 蒲台島

位於新界離島區，被稱為「香港南極」，盛產紫菜。全島擁有很多奇石，地質以花崗岩為主。島上雖然約有二十名市民居住，但是卻沒有水電供應及公共設施。

昔日，曾經是香港歷史最悠久之一的漁村，而島上的「蒲台島石刻」更被列為法定古蹟。

圖片來源：Millevache, wikimedia commons CC BY-SA 3.0

其實，索罟群島的頭顱洲才是香港的「最南極」。

但是，它仍然是一個尚未開發的荒島，因此不為人知。

小知識

蒲台島居民沒有自來水供應，生活用水主要依靠收集雨水。
同時也沒有電力供應，只能靠發電機提供晚間照明。
隨島著上漁業沒落，現時大部份居民已遷到市區居住。
不過，到了天后誕、清明節和重陽節時，不少市民也會到蒲台島祭祖掃墓和觀賞神功戲。

香港最西端: 雞翼角

位於新界離島區大嶼山，是一座陸連島。當退潮時，小島的沙洲露出海面與陸地相連。名字的由來是源於島的神奇外形，從地圖上來看北凹南凸，猶像「雞翼」。而現時島上無人居住。

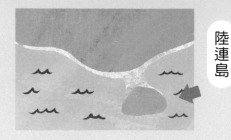

陸連島

香港最北端: 白虎山

位於新界區打鼓嶺，香港最北端的一座山峰。由於它是最接近中國深圳的邊境，曾經是一處「禁區」。

昔日，港英政府設立麥景陶碉堡以守衛邊境阻止非法入境者偷渡到香港與監察中國的軍事動向，現時更是二級歷史建築。

認識多一點: 東平洲

香港聯合國教科文組織世界地質公園製作:
《空中的東平洲》

💡 概念

購物天堂
霓虹招牌
自然奇景
法定古蹟
退潮
禁區
偷渡

請完成
「香港的東南西北」
單元工作紙

單元港字典

享譽: 享有聲譽。
例句: 香港的夜景漂亮動人,「東方之珠」的稱號更是享譽全球。

大眾化: 受廣大群眾喜好的文化,或適合廣大群眾的需要。
例句: 隨著時代的進步,智能電話變得大眾化,大家都變成了「低頭族」。

不為人知: 事情或事物不被人了解,或很少人知道。
例句: 在港英時代的「九龍寨城」有很多不為人知的故事。

七. 香港之最: 香港與國際化

⭐ 香港是一個國際大都會,全球最自由的經濟體系之一,在國際間具有重要競爭優勢。

⭐ 全球知名顧問公司科爾尼(A.T. Kearney)發表了 2021 年「**全球城市報告**」[10],
圍繞商業活動、人力資源、信息交流、文化發展和政治參與的五大方面對全球 156 個
主要城市進行評選。

香港曾經與紐約、倫敦並稱「紐倫港」(Nylonkong),2008 年更獲《時代雜誌》選為21世紀全球化國際城市的模範,可惜現在已經風光不再了。

2021年 全球城市綜合排名

第一名	紐約	第六名	北京
第二名	倫敦	第七名	香港
第三名	巴黎	第八名	芝加哥
第四名	東京	第九名	新加坡
第五名	洛杉磯	第十名	上海

根據上述指標,香港於 2021 年排行第七,具備「全球城市」的特徵。

10 Kearney (2021). 2021 Global Cities Report: Divergent prospects and new imperatives in the global recovery. Retrieved from https://www.kearney.com/documents/20152/245526923/2021+Global+Cities-divergent+prospects+and+new+impera-tives+in+the+global+recovery.pdf/9648d293- 8bc6-1b11-474c-dad08658cf59?t=1634048234000

有關在 2021 年的具體內容如下:

商業活動  資金流通的自由度、世界級商業服務公司的數量、全球集團總部的數量,及召開國際大型會議的次數等等。	● 香港連續 20 多年蟬聯最自由經濟體榜首 [11]。 ● 全球金融中心指數,排名第3[12]。 ● 《世界競爭力年報》中「商業法規」排名第1,整體競爭力排名第7[13]。 ● 很多外資公司選擇香港作地方總部。例如:約 1400 家境外企業在香港設立亞洲總部[14]。香港沒有外匯及黃金管制,全球資金能自由流通。
人力資源  衡量吸引五湖四海的人才能力,及城市中的多元化人才。 例如:教育水平、大學院校的國際排名、外來人才數量及持有大學文憑的人口比例等等。	● 全球市場的競爭力高企,很多界別與行業的專業資格適用國際註冊並得到全球認可。例如:會計師、特許秘書等等。 ● 香港數間大學躋身全球百大,教學及研究受到高度的認可。例如香港大學於 2022 年排名位列全球 30 位及香港中文大學位列全球 49 位[15]。 ● 推出多項輸入人才計劃,以吸引優秀人才及專業人士來港工作和定居。例如:科技人才入境計劃及優秀人才入境計劃[16]。
文化體驗  衡量該城市的文化多樣化與吸引力指數。例如主辦的國際大型賽事的次數、國際遊客數量及博物館的數量等等。	● 每年舉辦多元化的國際性文化及體藝活動。例如:各類運動的世界公開賽、香港國際電影節、香港國際旅遊展等等。
信息流通  衡量各個媒體獲取新聞和資訊的流通的程度、言論自由,及在地國際新聞機構的數量等等。	● 香港《基本法》第二十七條規定:「香港居民享有言論、新聞、出版的自由,結社、集會、遊行、示威的自由,組織和參加工會、罷工的權利和自由。」 ● 互聯網能暢通地接收及發布大部份資訊。
政治參與  衡量一個城市在國際政治對話中的影響力。主要通過大使館、國際組織和該市與國際組織相關的本地機構數量,以及主辦政治會議的次數來體現。	● 香港設有63間總領事館,57間名譽領事館及6間官方認許機構[17]。（直至2021年4月15日）

11 James Gwartney, Robert Lawson, Joshua Hall, and Ryan Murphy (2021). Economic Freedom of the World: 2021 Annual Report. Fraser Institute.
12 Long Finance & Financial Centre Futures (September 2021). Global Financial Centres Index (GFCI 30) . Retrieved from https://www.zyen.com/media/documents/GFCI_30_Report_2021.09.24_v1.0.pdf
13 IMD World Competitiveness Center (2021). The World Competitiveness Yearbook 2021. Retrieved from https://www.imd.org/centers/world-competitiveness- center/rankings/world-competitiveness/
14 香港政府統計處(2021)。〈駐香港的境外公司〉。取自https://www.censtatd.gov.hk/tc/scode360.html
15 The Times Higher Education(2021). World University Rankings 2022. Retrieved from https://www.timeshighereducation.com/world-university- rankings/2022/world-ranking#!/page/0/length/25/sort_by/rank/sort_order/asc/cols/stats
16 立法會秘書處資料研究組(2020年6月)。〈全球爭奪人才〉。取自https://www.legco.gov.hk/research-publications/chinese/1920rb02-global-competition-for- talent-20200601-c.pdf
17 香港政府總部禮賓處(2021)。領事事務。取自https://www.protocol.gov.hk/tc/posts.html

你知道嗎?
當我「生氣」時,刺便會豎起,
變得很堅硬;
但在我感到平靜時,
我是非常乖巧的啊!
凡事都有一體兩面,
要以不同觀點與角度思考。

★ 「全球城市報告」只是其中一個衡量國際化城市的指標。不同機構所量度的方法有所
不同,因此,在各個範疇獲得的分數可能會有偏差。

★ 香港能成為國際化城市,是因為在各方面都能對外高度開放,但近年部份全球指標亦
因《港區國安法》的實施引來的一系列香港社會動蕩而致排名滑落。

💡 概念

國際化
國際大都會
全球城市
競爭力
言論自由
新聞自由
高度開放
港區國安法
社會動蕩

認識多一點: 香港的「形象」

由香港特別行政區政府
香港品牌製作:
《見.識香港》

請完成
「香港與國際化」
單元工作紙

單元港字典

競爭: 為某種目的而互相爭勝。　　廣東話稱這個情況為「搵食艱難」。
例句：香港的小店經營十分困難，經常抵不住租金的上升或連鎖式經營的競爭。

圍繞: 包圍、環繞。
例句: 在香港《蘋果日報》宣布結業的那一天，很多香港民眾圍繞大樓舉起手電筒以示道別。

邁向: 朝著某個方向前進。
例句: 當年，外婆在事業邁向巔峰時，決心移民到澳洲。

蟬聯: 連續地獲得或保留某種地位。
例句: 香港樓價貴得驚人，曾連續十年蟬聯全球最難買樓的城市。

衡量: 考慮斟酌事物的輕重得失。
例句: 快樂是不能用金錢來衡量的。

躋身: 登上、置身於某種行列、境域。
例句: 多年來，他一直苦練劍擊，終於在奧運會上躋身世界劍擊好手之列。

屏障: 遮蔽，具保衛作用的東西。
例句: 港英政府當年建設醉酒灣防線是為了利用該處的高地作為天然屏障。

體現: 某種性質或現象通過某一事物具體展現出來。
例句: 你認為這本書體現了什麼思想呢?

偏差: 觀念或行為上產生太過或不及的差錯。
例句: 孩子到了青少年時期，最容易出現行為偏差，例如離家出走、吸煙等等。

滑落: 像在一個斜面上往下滑動跌落，比喻下跌趨勢。
例句: 離開香港那天，淚水從妹妹的眼睛滑落下來。

3.2 香港的地理特點

尖沙咀的維港

從獅子山飽覽九龍與面向九龍的港島區

從嘉頓山看深水埗

香港的地理位置非常優越,是亞太區重要的國際貿易及物流樞紐。

而且,有利的營商環境使香港成為發展國際業務的理想地。

一. 優越的天然港口

香港島與九龍半島之間的海域為維多利亞港 ,是一個能停泊大型貨船的水深港闊的天然良港。

⭐ 維多利亞港四周被眾多的島嶼包圍和以高聳的花崗岩山丘作屏障,使港內的船隻能免受強風吹襲;因此,成為世界良港之一。

維多利亞港同時可供數百艘萬噸輪船停泊,是國際上重要的轉口海港,亦是世界著名的旅遊景點。

為什麼能成為 優良的港口 呢?

1 氣候暖和,港口終年不會結冰

2 船隻可自由進出

香港很少有具破壞性的颱風或地震等的自然災害,擁有優良港口的美譽。

⭐ 有賴自由港政策,香港成為優良轉口港,發展航運及轉口港貿易事業。

💡 概念　維多利亞港 水深港闊
世界良港

單元港字典

樞紐: 事物之間聯繫的中心環節,比喻重要的關鍵中心。
例句: 倫敦是英國的首都,也是前往英國各大區域的主要交通樞紐之一,四通八達。

高聳: 高高的、直立而突出。
例句: 香港的環球貿易廣場高聳入雲,是香港最高的摩天大廈。

吹襲: 形容強風令人們的生活受到影響。
例句: 2018 年,香港受到颱風「山竹」吹襲,造成嚴重的破壞。

活動: 小小的連儂牆

我喜歡香港,因為……

請完成
「小小的連儂牆」
與「優越的天然港口」
單元工作紙

小朋友,請試以「形容詞」說明喜歡香港的原因,或對香港的印象,並寫在便條貼上。然後貼在單元工作紙內。

💡 概念

連儂牆
形容詞

單元港字典

印象: 在頭腦裏留下的記憶跡象。
例句:對很多遊客來說,對香港的印象就是一個繁榮的城市。

二. 香港的地形特徵

★ 香港的地勢是山丘很多,平地很少。很多土地都屬於自然山坡,
而且崎嶇不平;因此可供發展土地有限。

★ 平地是由河流自然形成的沖積平原,主要集中在新界西北地區:
元朗、粉嶺,及上水等。

★ 香港有很多海灣和大小不一的島嶼,形成了彎曲蜿蜒的海岸線;
綿延的海岸線還達共約870公里。

九龍與新界內陸的山脈相連;
新界內陸形狀不規則,主要是大山與深灣。

沖積平原的形成

河流上游位於較高的地方,當坡度較高時水流較快;流動至下游時,坡度變得平緩,水流
便會變慢。此時,泥沙則會沉積下來,並猶如扇形般向外擴散,形成沖積平原。

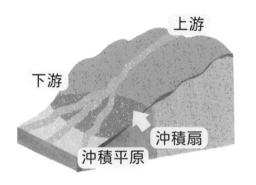

小知識

所以,沖積平原是由沉積作用產
生。河流把侵蝕後的沙石帶到海
岸或低地後,沙石便會慢慢地沉
積起來,形成沖積平原。

所以,香港的地勢特徵是:
❶ 山多 ❷ 平地少 ❸ 海島多。

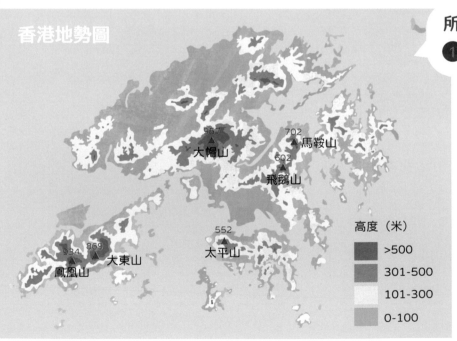

香港地勢圖

高度(米)	
	>500
	301-500
	101-300
	0-100

💡 概念

土地有限
沖積平原
沉積作用
海岸線

活動： **猜一猜**

你知道為什麼會有一些筆直的海岸線嗎?

你能圈出其中一條筆直的海岸線嗎?

原來，香港的建築物高而密集，是有原因的呢!

請完成
「香港的地形特徵」
單元工作紙

⭐ 為了土地得到充分的利用，
香港的建築物很密集；大部份向高發展，
部份則會依山而建。

💡 **概念** 建築物 密集 向高發展 依山而建

單元港字典

地勢: 地面高低起伏的形勢。
例句: 這裏的地勢彎彎曲曲，駕駛經過時要注意安全啊!

蚺蛇尖是香港西貢東部的一座山峰。

崎嶇: 形容山路高低不平，或是比喻處境艱難。
例句:由於蚺蛇尖崎嶇陡峭，遍布碎石，被遠足人士稱為「香港三尖」之一。

彎曲蜿蜒: 迂迴彎曲地延伸。
例句: 香港大帽山的山路如髮夾般彎曲蜿蜒，所以又有「香港秋名山」之稱。

綿延: 綿延: 一個連著一個，接連不斷、連續延長。
例句: 這片森林非常龐大，綿延幾十英里。

侵蝕: 逐漸侵害使受消耗或損害。
例句: 東平洲上層理分明的沉積岩經過海水年月侵蝕，畫出了道道層次分明的線條。

平緩: 地勢或形勢沒甚變化、坡度不大。
例句: 疫情之下，天星小輪的服務受到影響，連維多利亞港的海面也變得平緩。

猶如: 好像。
例句: 只能在沙頭角乘搭街渡前往的吉澳,猶如香港的世外桃源。

擴散: 向外擴大散開。
例句: 這個病毒很快便在社區擴散開去。

筆直: 像筆桿一樣挺直。
例句: 士兵步操時,身體挺得非常筆直。

三、填海造地

咦!九龍半島與香港島的距離很近呢!

為了「造地」,兩岸越收越窄了。

你知道嗎?

香港的陸地面積一直變化,

你知道為什麼? 試填在空格內。

填海知多點

⭐ 由於可供發展的土地有限,為了增加可用土地,政府進行了填海工程來擴展土地。

⭐ 但是,填海工程會使維多利亞港的兩岸距離縮窄,影響船隻航行。

⭐ 香港比較大型的填海地區有:九龍半島沿岸、香港島北部,和沙田新市鎮。

維多利亞港

小朋友，你認識哪些什麼地方是透過填海而來的嗎？

如果你還不認識這些地方，
我們下個課題就一起認識吧！

概念

填海造地

請完成
「填海造地」
單元工作紙

 單元港字典

擴展: 向外伸展、擴張發展。
例句: 他的公司規模愈來愈大，甚至開始到美國擴展海外市場。

縮窄:變得狹小。
例句: 烏龜後來追上，縮窄與兔子之間的差距。

影響: 某些動作引起其他人、事物發生變化，該變化可以是正面或是負面。
例句: 鄰近單位在週末早上進行裝潢，實在太影響我們休息了！

四、香港的土地利用

我常聽說:香港「地少人多」,
那麼香港「土地問題」嚴重嗎?

我們需要學習「土地用途」的概念,
你就會知道答案了!

 知識庫

你知道嗎?

香港郊區比市區多!

土地用途

指按照不同用途規劃土地的使用。

香港政府負責規劃土地用途,也要確保土地得到合理且妥善的利用和發展。

現時香港的土地用途主要可分為:住宅、商業、工業、機構、休憩、運輸、
農業、林地/灌叢/草地/濕地、荒地,及水體。

土地規劃

 香港政府根據住屋、經濟、交通、保育及康樂等等的需要,將土地作有
系統及合理配置的規劃, 從而對各種類型用地的結構進行調整或配置。

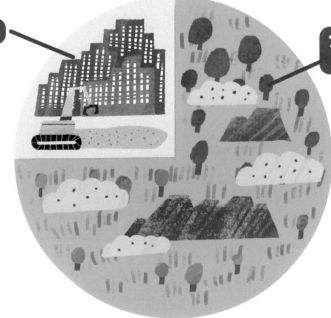

25% 已發展土地

7% 房屋

1.6% 空置/正在進行建築工程的土地

0.6% 荒地

75% 林地/灌叢/草地/濕地

4.4% 農地
40% 郊野公園

香港雖然有75% 屬於郊區，但發展郊野公園並不是解決「土地問題」的唯一方法:

1　郊野公園對保育本地動物和植物非常重要，更為香港市民提供康樂休憩及戶外自然教育的機會。

2　郊野公園位於高山河谷，交通網絡和社區配套不足。若然需要發展，必須經過漫長和複雜的規劃、程序和工程，例如:開山闢地。

 保育是指人類對生存環境的管理，既獲得現代最大永續的福祉，也維持環境潛能去符合後代的需要及願望。

發展　保育

除此之外，開發郊野公園會影響空氣質素、污染水塘的水質，及破壞自然生態等等。

我明白了! 政府可以善用現有的土地，有效地規劃來增加房屋供應!

果然聰明! 你知道如何能有效地運用土地嗎?

我當然知道啦，只要好好善用已經荒廢的土地，就沒有必要開發郊野公園了!

 開闢郊野公園會改變自然環境的面貌，還影響了動物和植物的生活環境。

 因此，土地發展要有良好的規劃。除了平衡社會的需要外，還要保護自然環境。

獅子山

請完成
「香港的土地利用」
單元工作紙

單元港字典

規劃: 籌劃、計劃。 尤其指比較全面的長遠發展計劃。
例句: 為了考進日本的心儀大學，從數年前他已經開始規劃了。

休憩: 休息、歇息。
例句: 在香港的十八區也設有休憩處供途人休息。

配套: 把性質相關的事物組合在一起成為一個整體。
例句: 這家五星級酒店的娛樂配套十分齊全。

福祉: 幸福、福利。
例句: 特首的參選政綱是為香港市民謀取福祉。

荒廢: 荒置、廢棄。
例句: 荒廢多年的西營盤社區綜合大樓，前身是精神病院，經常傳出鬧鬼新聞，當地街坊稱之為「高街鬼屋」。

開闢: 開拓、創立。
例句: 這個網上媒體，為了吸引新讀者，開闢了一個新的專欄。

第四章: 香港的自然生態與氣候特點

4.1 香港地質與受保護地區

⭐ 香港擁有很多獨特的地貌，這些地貌經歷各種自然現象而產生香港的自然環境特色。

當中包括: 地質演變和侵蝕作等等。

香港的自然環境特色源於地質的組成和構造。

一、香港的地質構造

香港擁有豐富及特殊的自然地貌和岩石群。

| 火成岩 | 沉積岩 | 變質岩 |

香港主要由三大類岩石:火成岩、沉積岩及變質岩所構成。

小知識

所有岩石都是因為香港曾經發生的一次超級火山爆發後而演變出來的!
小朋友，你想知道更多嗎?

不如從香港土木工程拓展署製作的影片中知多一點點吧!

土木工程拓展署:
《香港都有超級火山?》動畫影片

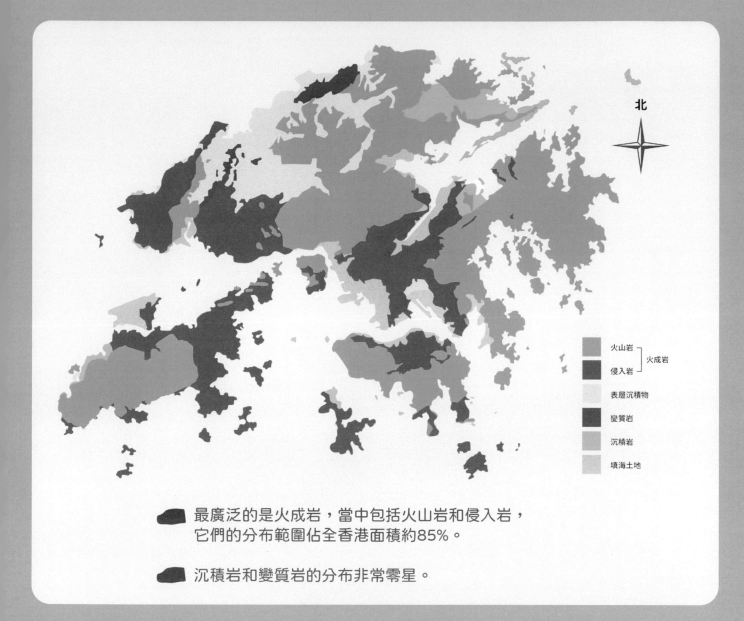

	火山岩 ⎱ 火成岩
	侵入岩 ⎰
	表層沉積物
	變質岩
	沉積岩
	填海土地

北

最廣泛的是火成岩，當中包括火山岩和侵入岩，它們的分布範圍佔全香港面積約85%。

沉積岩和變質岩的分布非常零星。

岩石的形成

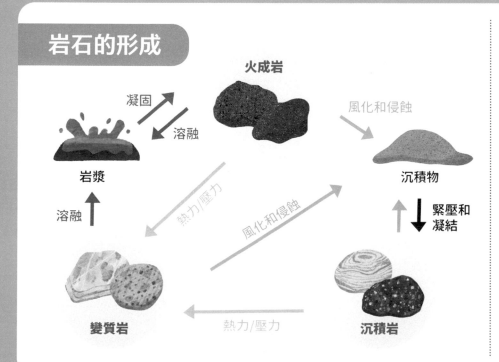

火成岩

凝固
溶融

岩漿

溶融

熱力/壓力

風化和侵蝕

變質岩

熱力/壓力

沉積岩

風化和侵蝕

沉積物

緊壓和凝結

火成岩
由熔岩冷卻後凝固而成。

沉積岩
● 由沉澱在低窪盆地的岩石碎塊和沉澱物沉積而成的。
● 這些岩石會有分層，甚至有的會藏有動植物化石。

變質岩
當岩石受到熱力或壓力的影響時就會形成。

東平洲的沉積岩　　　　　　　　　果洲群島的六角柱狀火山岩

 概念

火成岩　沉積岩　變質岩

請完成
「香港的地質構造」
單元工作紙

 單元港字典

演變：事物在時間推移的過程中所產生的變化。
例句：這件事已經演變成無法收拾的地步了。

> 後來推行富利來商場活化計劃，說服業主把部份鋪位平租給年輕人創業，打造新舊共融的商場。

零星：零碎的。
例句：隨著人流減少，早年的炮台山富利來商場，只剩下零星商店，被稱為「死寂商場」。

低窪：地勢凹陷，位於低下的地方。
例句：每逢雨季來臨，港島北部的低窪地區都會出現水浸情況。

> 例如：上環、中環、金鐘、灣仔、銅鑼灣及跑馬地等等。

如果你對香港的地貌有興趣，推薦你閱讀：

書名：《石獅安安愛遊歷：誰是香港地貌冠軍？》
作者：麥曉帆
繪圖：李成宇
出版社：新雅文化事業有限公司

二、香港的地質公園

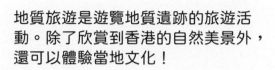
為了認識香港更多的岩石，
我參加了西貢地質公園的地質旅遊。

地質旅遊是什麼？

地質旅遊是遊覽地質遺跡的旅遊活動。除了欣賞到香港的自然美景外，還可以體驗當地文化！

而且，生態旅遊是藉由旅遊來推廣生態保育的概念，兼顧環境保育和促進地方居民福祉的旅遊。

香港景色美麗多變，在這片寶地上擁有很多具有保育價值的天然資源，
有一些更在國際間被視為十分罕有及珍貴的地質遺跡。
香港還成立了地質公園，讓大眾認識和保育這些地質景觀。

背景

★ 地質公園是擁有重要地質價值的地質遺址，
並融合自然與人文景觀的獨特自然區域。

★ 香港漁農自然護理署是地質公園管理機構，
管理的事宜包括規劃及遊客服務等等。

2009年11月	正式成為中國國家地質公園，並命名為香港國家地質公園。
2011年9月	聯合國教科文組織宣布香港國家地質公園成為世界地質公園網絡成員，並命名為中國香港世界地質公園。
2015年11月	更名為香港聯合國教科文組織世界地質公園。

香港成立地質公園的宗旨

地質旅遊　　科普教育　　地質保育

聯合國教科文組織世界地質公園的定義[18]

覆蓋的地理範圍是單一、統一的地理區域,具有國際重要性的地質遺跡,以保護、教育和可持續發展的整體概念進行管理。

*每四年需要審核一次

可持續發展是指:「既能滿足當代的需要,又不損及後代滿足其需要的發展模式」。

若要成為聯合國教科文組織的地質公園,須具備以下條件:

1 擁有單一的統一邊界

2 向公眾開放

3 地質遺跡具有一定的規模和覆蓋的範圍

4 具有特殊地質學價值和天然美態的自然地區

5 不只單純介紹地質的公園,而是結合地質學、生態學、自然景觀、地域文化和歷史的範疇

6 通過旅遊及教育以促進地球科學和可持續發展

7 擁有完善的保育與管理制度

8 以科學和當地社區互利

認識多一點: 香港的地質公園

香港聯合國教科文組織世界地質公園及香港漁農自然護理署製作:

《香港有個世界級地質公園》

香港聯合國教科文組織世界地質公園

香港聯合國教科文組織世界地質公園為兩大園區八個景區,每個景區也有獨特的地質特徵及地貌景觀。

兩大園區分別是: 西貢火山岩園區及新界東北沉積岩園區。

西貢火山岩園區

世界罕有的六角形岩柱,具有國際地質的重要性

- 糧船灣景區
- 果洲群島景區
- 橋咀洲景區
- 甕缸群島景區

新界東北沉積岩園區

不同地質時期所形成的多種沉積岩,向國際展示香港的地質歷史

- 赤門景區
- 黃竹角咀及赤洲景區
- 印洲塘景區
- 東平洲景區

18 UNESCO(n.d.). UNESCO Global Geoparks (UGGp). What is a UNESCO Global Geopark? Retrieved from https://en.unesco.org/global-geoparks

橋咀洲： 奇特的「菠蘿包」巨礫

圖片來源： Clément Bucco-Lechat, wikimedia commons CC BY-SA 3.0

糧船灣的花山： 海岸遍布六角形岩柱

糧船灣的岩柱真的很雄偉啊！

當然，它們源自一億四千萬年前爆發的超級火山！無論組成、大小、覆蓋範圍，都在國際間被視作非常珍稀的。

赤門的馬屎洲： 2億多年歷史的七彩泥岩

圖片來源： Mckim, wikimedia commons CC BY-SA 4.0

東平洲： 最年輕，擁有5,500萬年歷史的岩層

圖片來源： James Ho, wikimedia commons CC BY-SA 2.0

赤洲： 赤紅色的島嶼，岩石形成於恐龍時代

圖片來源： 山民主義, wikimedia commons CC BY-SA 4.0

黃竹角咀： 最古老，擁有4億年歷史的紅白相間岩層

圖片來源： Nhk9, wikimedia commons CC BY-SA 4.0

香港聯合國教科文組織世界地質公園

新界東北沉積岩園區
印洲塘
東平洲
赤洲—黃竹角咀
赤門
荔枝莊
西貢火山岩園區
糧船灣
橋咀洲
甕缸群島
果洲群島

普及科學：指運用各種淺顯及容易理解的方法向普羅大眾介紹自然科學知識，從而推廣科學。

香港地質公園以自然保育及普及科學為重心。因此，地質公園內劃分成核心保護區、特別保護區和綜合保護區。

保護等級	特點/功能	例子
核心保護區	● 保護重要的地質遺跡，不鼓勵遊客登陸。	果洲群島 糧船灣花山
特別保護區	● 保護地質遺跡。 ● 普及科學教育的工作及提供地質旅遊給遊客。 ● 設置基本的郊遊設施。	萬宜水庫東壩 荔枝莊
綜合保護區	● 包括地質遺跡，也融合了文化資源及自然生態。 ● 作為核心或特別保護區的延伸，發揮保護和緩衝核心或特別保護區的功能。 ● 設置較完善的郊遊設施，包括自然教育徑及地質步道等等。 ● 旅客承載力比較高，能成為自然保育及旅遊景點用途。	東平洲 荔枝窩

我明白了！現時香港的地質公園內的重要地質遺跡得到全面的保護與妥善的管理。
除了有法律保障外，還有旅遊設施基礎；而且以教育大眾、自然保育及可持續發展為目標。更重要是能夠在國際間展現出特有的地質與歷史價值。因此能夠成為世界地質公園。

香港地質公園內的重要景點都受到《郊野公園條例》及《海岸公園條例》等法例保護。因此，不容許對環境帶來不利影響的不必要設施。而有關「條例」我們會在下一個單元中探討！

你知道嗎？
成立地質公園對香港的意義[19]：

1 保育珍貴的地質遺跡。

2 加強公眾的保育意識。

3 普及地球科學知識。

4 提升香港的國際形象，改善自然旅遊的質素及多元性。

5 透過地質旅遊，宣傳地質遺產的自然和
傳統價值，並推動社會和地區經濟的可持續發展。

聽我的外公說，在很多較偏遠的村落，原居民已經搬出市區了。

活化：保留現有的歷史建築物或區域，並加以善用。

說得沒錯!
地質公園還能活化經濟，每年都能吸引很多遊客到訪，幫助我們增加收入呢!

所以，地質公園還能活化社區，保留獨特的歷史文化，讓獨有的歷史文化能夠一直傳承下去。
例如：吉澳每十年一次的太平清醮，也能聚集原居民回島參與慶典!

遊覽地質公園時的注意事項 ⚠

出發前	遊覽時
1 妥善計劃行程及預先了解旅程路線	6 不要塗鴉、破壞或帶走任何岩石或化石
2 查閱天氣預報，不要在惡劣天氣下前往	7 不要攀爬石頭、山坡或海岸
3 參考香港天文台提供的潮汐資料	8 不要騷擾或傷害任何野生動植物
4 告知親友遊覽路線及回程時間	9 注意天氣及環境變化
5 帶備充足的食水和食物	10 選乘達安全標準的船，並穿上救生衣
*流動電話網絡或未能覆蓋部份地區	

19 香港聯合國教科文組織世界地質公園，香港漁農自然護理署(無日期)。〈認識香港 地質公園〉。取自https://www .geopark.gov .hk /pdf/05-E-leaflet-Getting-to-Know-HKGP.pdf

如果當天沒有下雨，但天文台報導有強勁的東風，還可以登船到地質公園嗎？

請把你的答案圈出： 可以 / 不可以

請完成
「香港的地質公園」
單元工作紙

💡 概念

地質公園
地質遺跡
科普教育
地質旅遊
地質保育
可持續發展
活化

單元港字典

遺跡：前人遺留下的痕跡。
例句：維多利亞城界碑是香港著名的殖民遺跡。

宗旨：主要的意旨、行事的目的所在。
例句：這本書的宗旨是希望能喚起人們與香港之間的回憶。

> 廣東話可以形容為「總有一間喺左近」。

遍布：分布各處。
例句：香港是一個「購物天堂」，購物商場遍布全香港。

雄偉：雄壯高大。
例句：來自世界各地的遊客，都會讚嘆香港高樓大廈的雄偉。

珍稀：珍貴稀少的。
例句：在香港，獵捕殺害珍稀的野生動物是違法的。

緩衝：使衝突或緊張的情緒、氣氛緩和平穩。
例句：您不要緊張，先喝杯水，緩衝一下緊張的情緒吧！

傳承：傳接繼承。
例句：「搭棚」是香港一門傳統手藝，卻很少年青人願意傳承。

騷擾：擾亂使人不安。
例句：他不斷致電騷擾宇謙，宇謙只好無奈地更換電話號碼了。

哎呀! 好痛啊!

只是開個玩笑。
你真是「受保護動物」啊!

不要再取笑我了。
在香港真的有設立保護區,
所以「受保護動物」 是真的
存在呢!

⭐ 香港雖然只是一個彈丸之地,在繁榮的發展同時,還保留了大片郊
野及綠化地區以保護各種動植物與自然生態。

生態系統

香港將具有重要生態價值的地點劃為保護區,目的是保護生態系統。

生態價值:其整體性及獨特的優勢。

生態系統（Ecosystem）:大自然的某一空間內,生物與環境所構成的統一整體。
在這個整體中,生物與環境之間的相互作用形成一個生態系統,當中包括了生物、
植物、微生物及其所生存的環境。

香港的受保護地區

郊野公園及特別地區

目的 保育、康樂及教育用途。

特別地區包括 動植物、地質、文化或考古特色方面具有特殊及重要價值的政府土地。

*根據《郊野公園條例》(第208章)訂定,並由漁農自然護理署按照郊野公園及海岸公園委員會的意見管理。

保育

目的 自然生態保育,以支持可持續發展。

包括 特殊科學價值地點、自然保育區、海岸保護區及綠化地帶,海岸公園、地質公園等。

*根據《城市規劃條例》(第131章)並按照《香港規劃標準與準則》所訂明的原則,在規劃圖則上劃定相關的土地範圍為保育用途。

野生生物生境區

目的 保護野生動物,期望對野生動物的滋擾減至最低。

包括 米埔沼澤區、鹽灶下鷺鳥林及南丫島深灣綠海龜產卵海灘。

*根據《野生動物保護條例》(第170章)限制任何人進入指定的野生生物生境區,由漁護署執行限制地區的進出管制。

集水區

目的 保護水質,集水區內不鼓勵可能影響水質的所有活動和發展項目。

包括 香港約有三分一的土地被規劃為集水區,用作收集並貯存雨水。

*由於大部份集水區納入郊野公園的重疊範圍,因而受《郊野公園條例》保護。

南丫島深灣沙灘,圖片來源:香港漁農自然護理署(2021)。〈香港的綠海龜保育措施〉。

取自 https://www.afcd.gov.hk/tc_chi/conservation/con_fau/con_fau_sea/con_fau_sea_con/con_fau_sea_con_the.html

限制地區告示,圖片來源:香港漁農自然護理署(2021)。〈香港的綠海龜保育措施〉。

取自 https://www.afcd.gov.hk/tc_chi/conservation/con_fau/con_fau_sea/con_fau_sea_con/con_fau_sea_con_the.html

保育動植物　除了提供生態系統層面的保護外，政府亦採取具體措施保育動植物:

植物
《林區及郊區條例》(第96章)：禁止損毀政府土地上林區及植林區內的樹木和植物、在林區/植林區或郊野範圍生火，以及管有訂明的植物種類。

動物

1　《野生動物保護條例》(第170章)
禁止狩獵或蓄意騷擾野生動物、管有狩獵器具及管有訂明的野生動物。

2　《保護瀕危動植物物種條例》(第586章)
規管瀕危動植物品種及其部份及衍生物的進口、出口、轉口 及管有。

防止瀕危動植物的非法貿易。

3　《漁業保護條例》(第171章)
促進在香港水域內的魚類及其他形式的水中生物的保育、規管捕魚方式和防止對捕魚業可持續發展不利的活動。

4　《基因改造生物(管制釋出)條例》(第607章)
管制在香港境內釋出基因改造生物及其越境轉移。

基因改造：透過使用現代生物技術而獲得新異組合的遺傳材料的活生物體。例如：粟米、棉花、魚及花等。
現時規定向環境釋出基因改造生物前，須事先經漁護署審批，並規定含有基因改造生物的貨物在輸入及輸出時，須附同訂明文件。基因改造生物可能會危及本地物種或生態系統。

印洲塘海岸公園

圖片來源：香港漁農自然護理署（無日期）<海岸公園圖片庫>

東平洲地質公園

圖片來源：香港地質公園（無日期）

沉積岩 ▶

嘩，很像千層糕呢!

⚠ 我們到受保護地區時，要遵守以下遊覽守則!

1 不要大聲喧嘩
2 不要亂拋垃圾
3 不要採摘植物
4 不要騷擾野生動物
5 不要使用閃光燈拍照
6 不要穿著顏色鮮豔的衣服

「野生生物生境區」是不能進入的!

請完成
「香港的受保護地區」
單元工作紙

概念　受保護地區　生態系統　生態價值　生態保育
瀕危動植物

單元港字典

繁榮: 經濟或事業蓬勃發展。
例句: 紐約是國際公認的繁榮城市。

損毀: 破壞、毀壞。
例句: 他透過網上訂購一張書桌，但運送途中已經損毀。

狩獵: 捕殺或獵取野生動物。
例句: 在台灣，只要在劃定的「狩獵區」內進行狩獵，是合法的。

蓄意: 存心、刻意、存在心裡已久的意念。
例句: 蓄意傷人在香港是一項刑事罪，違例者會被判處監禁。

瀕危: 接近危險的境地。
例句: 中華白海豚是一種瀕危動物，人類活動所製造的水質污染會使牠的數量愈來愈少。

喧嘩: 聲音大而雜亂地說話、叫喊。
例句: 在戲院內，不能大聲喧嘩。

採摘: 採取、摘取。
例句: 請你不要採摘公園的植物，這是欠缺公德心的行為。

鮮艷: 色彩鮮明亮麗。
例句: 外婆最喜歡鮮艷的花朵，杜鵑花是她的最愛。

四. 香港的郊野公園

上星期，我們的秋季旅遊到了大欖郊野公園的楓香林賞紅葉，非常壯麗呢!

真羨慕你啊! 在香港，城市與郊區的距離那麼近，隨時隨地都可來一趟小旅行。

郊野公園遍布香港，範圍廣泛，有著無數迷人的風景。
郊野公園有山峯、有樹林、有水塘，還有康樂設施等等。
因此，深得香港市民的喜愛， 也是休閒的好去處。

背景

★ 全香港共有 24 個郊野公園及 22 個特別保護區，面積佔全香港土地約40%，並由漁農自然護理署管理。

★ 香港的郊野公園有: 大帽山郊野公園、香港仔郊野公園、馬鞍山郊野公園等等。

★ 部份的特別土地位於郊野公園範圍內，而設於郊野公園外的特別地區有: 香港濕地公園、甕缸群島及果洲群島等等 。

★ 郊野公園深受大眾歡迎，暢遊郊野公園是有益身心的康樂活動，例如漫步、健身、遠足、燒烤，及露營等等。

設立郊野公園的原因

● **年輕世代促使**
1960年代的香港年輕人口多，年輕力壯的大眾需要康樂設備。

● **政府政策推動**
前香港總督麥理浩熱愛遠足，大力支持郊野公園計劃。

● **保育自然生境**
城市急速發展需限制各類開發活動，及保育自然生態與康樂價值。

你知道嗎?
香港郊野公園的幕後功臣原來是……

六十年代，林務官戴禮認為林務對保護香港自然環境與天然資源有重要的作用。
港英政府後來邀請了美國環境科學專家戴爾博夫婦來港考察並建議。
到了1965年，他們撰寫了《香港保存自然景物問題簡要報告及建議》[20]。
報告中提出需要成立法定保護地區，及營造多樣性的生態系統等等，
這也成為香港郊野公園的發展藍本呢!

當年設立郊野公園其中一個原因是發生了六七暴動。
港英政府面對社會動蕩，想到發展郊野公園能成為年輕人的宣洩渠道的對策，紓解社會矛盾。

「六七暴動」，當時參與及支持者稱之為「反英抗暴」，於1967年5月6日發動，並於1967年10月份結束,歷時大約五個月，是一場由香港親中國共產黨的左派，在中國當時的國家領導人毛澤東發動之文化大革命影響下，展開對抗港英政府的暴動。

麥理浩徑是以前港督麥理浩命名，表揚他的貢獻。

它是 100 公里的遠足徑，貫穿多個郊野公園。

郊野公園裏的設施

露營地點

遠足徑

涼亭

燒烤場

活動:猜一猜

你知道郊野公園裏還有什麼嗎?

你可以把它繪畫出來嗎?

📄 請繪畫在單元工作紙內

20 Talbot, L. M., Talbot, M. H. (1965), Conservation of the Hong Kong Countryside: Summary Report and Recommendation, Hong Kong: Government Printer

 在郊野公園遊玩時，要愛護大自然。我們要為他人著想，做個有公德心的乖孩子!

請辨別以下哪些行為是正確的，並加上 ，錯誤的，請加上

 X

 哇!原來香港的市區與郊區只是「一線之隔」呢!

圖片來源：Chong Fat, wikimedia commons CC BY-SA 3.0

城門郊野公園

請完成
「香港的郊野公園」
單元工作紙

 概念

郊野公園　六七暴動　公德心

單元港字典

壯麗: 宏偉華麗。
例句:假日,很多市民會登上太平山頂,欣賞壯麗的香港景色。

一趟: 從甲地到乙地一次。
例句: 從屯門到荃灣的一趟車程只需半小時,萬一在屯門公路遇上塞車,需要超過兩小時才能到達呢!

休閒: 休息和娛樂。
例句:忙碌的媽媽身兼多職,沒有休閒的時間能做自己的事。

暢遊: 盡情的遊覽。
例句:只要付一次入場費,遊客便能在主題樂園內暢遊一整天。

營造: 經營、建造。
例句:香港油麻地的街道上有著密密麻麻的霓虹燈牌,營造出繁華鬧市的感覺。

藍本: 編修文字或繪畫時,所根據的樣本。
例句:香港電影《回魂夜》是一部恐怖喜劇,主角的造型是以法國電影《這個殺手不太冷》為藍本。

宣洩: 緩解負面情緒的過程。
例句:政府施政失當的時候,民眾便可能會以遊行示威方式宣洩不滿。

紓解: 紓緩直至解除。
例句: 政府在本年度的財政預算案中提高失業援助金額,為因疫情失去工作的人士紓解經濟負擔。

貢獻: 將心力用於對社會大眾有幫助的地方。
例句:古天樂是香港的電影巨星,非常熱心於公益活動以貢獻社會。

跨越: 超越、越過。
例句:跨欄是一項田徑運動,運動員需要一邊奔跑,一邊跨越間距相等的欄架。

五. 垃圾筒 大學問

你知道「垃圾筒」也有很大的學問嗎？

這是郊野公園燒烤場中的垃圾筒。這個垃圾筒有什麼特別嗎？

★ 原來，香港正在展開「自己垃圾 自己帶走」的活動呢!

★ 而且，漁農自然護理署已於 2017 年底開始移除郊野公園遠足徑上的垃圾箱及回收箱[21]。
只在康樂場地，例如燒烤場及露營地點保留以供市民使用。

在香港市區最常看到的就是這個回收箱。

★ 培養香港市民實踐分類回收的習慣，支持環保。

宣傳及鼓勵垃圾回收的口號:
「藍廢紙、黃鋁罐、啡膠樽」
很耳熟能詳!

而亂拋垃圾會被罰款
一千五百港元啊!

《定額罰款(公眾地方潔淨及阻礙)條例》(第 570 章)

香港食物環境衞生署
吉祥物 清潔龍阿德

香港環境局
吉祥物 大嘥鬼

圖片來源:清潔龍阿德 Keep Clean
Ambassador Ah Tak Facebook

圖片來源:大嘥鬼
Big Waster Facebook

---

21 香港政府新聞處（2021年5月26日）。〈立法會十八題：在郊外亂拋垃圾的問題〉。《香港政府新聞公報》。
取自https://www.info.gov.hk/gia/general/202105/26/P2021052600291.htm

垃圾哪裏去?

垃圾會不會消失呢?

垃圾不會憑空消失,每天由辛勤的清潔工人替我們收集垃圾,然後由垃圾車運送到堆填區。

現時,香港的堆填區集中於新界西、新界東北及新界東南。

但是,堆填區也會面對飽和的問題。在地少人多的香港,處理垃圾是一個棘手的問題。更有效的方法是市民從源頭減廢,並進行垃圾分類。

《2018 年廢物處置(都市固體廢物收費)(修訂)條例草案》於 2021 年 8 月 26 日獲得立法會通過。

現時,垃圾徵費的方案已經在立法會通過,預料會於2023年起正式實施相關收費計劃。

圖片: 香港環境保護署網站(2022)。〈甚麼是都市固體廢物收費(垃圾收費)?〉。

廢物按量收費的宗旨是按照「污染者自付」原則,對產生的廢物按量徵費,改變「丟棄垃圾不用成本」的觀念。

近年疫情來襲，郊野公園成為香港人避疫勝地。但是，部份人送給大自然的「禮物」卻是垃圾污染問題……

小朋友，你希望看到這個情景嗎？

海面上飄浮著垃圾

沙灘上遍地垃圾

（請圈出你的想法，並在橫線上寫上原因）

我 希望 / 不希望 看到這個情景，因為：＿＿＿＿＿＿＿＿＿＿＿＿＿＿＿＿＿

為什麼海洋和沙灘會堆滿垃圾？

因為：＿＿＿＿＿＿＿＿＿＿＿＿＿＿＿＿＿＿＿＿＿＿＿＿＿＿

認識多一點：

由綠色力量製作：
《「自然博士」教育動畫：
一陣怪風》

由綠色力量製作：
《「自然博士」教育
動畫：不要帶走我》

 概念

亂拋垃圾　環保　資源回收
資源分類　疫情

請完成
「垃圾筒 大學問」
單元工作紙

單元港字典

移除：除掉、去掉。
例句：2021年，香港大學移除紀念六四事件的雕塑「國殤之柱」，引起社會大眾關注。

耳熟能詳：非常熟悉，並能詳盡的說出來。
例句：香港著名樂隊Beyond 的《海闊天空》是一首耳熟能詳的歌曲。

實踐：將理論、想法實際地做出來。
例句：一旦答應了別人，就必須實踐自己的諾言。

棘手：比喻事情麻煩而難處理。
例句：為了處理一個棘手的個案，瑪莉醫院的醫生們進行了長達八小時的會議。

勝地：著名的景色宜人的地方。
例句：晚上，香港尖沙咀的海旁景色迷人浪漫，是不少情侶約會的勝地。

六. 香港的濕地公園

⭐ 香港的氣候條件、地理位置與地質間的相互作用，形成了多姿多采的濕地。

濕地

濕地是水陸交接的部份。

內陸、沿岸地區及海洋生境中擁有相同特徵的地區。

它的功用是儲存水份、過濾污染物、供應食物給人類及動物，及保護海岸和市鎮，同時為眾多野生動物提供庇護、棲身之所，亦是人類的重要天然資源。

陸域系統

濕地

深水水域系統

濕地的變化多端

1. 由天然環境形成，也有人工建成的。
2. 有永久性的，亦有臨時性的。
3. 水是靜止的，也是流動的。
4. 水可以是淡、鹹、鹹淡交接，或與海水區交集匯流。
5. 當退潮時水深不超過六米。

濕地可以是：

香港的濕地生境的種類豐富，包括有：
泥灘、石灘、溪流、魚塘、海草床、珊瑚礁
等等。

濕地是地球上重要的生態系統，濕地有多重要？

現時，濕地約佔本港5%土地面積

1.「大自然的調節器」

濕地能發揮「海綿作用」，短暫儲存過量的雨水，避免暴雨使市區發生水災。

當旱季時能蒸發大量的水份，為附近地區帶來降雨。

2.「大自然的空氣清新機」

濕地的獨特結構，不但可以淨化空氣，也能淨化污水。

濕地能夠吸附空氣中的浮塵、細菌和有害的氣體，使這些有害的物質沈澱在濕地的底層，從而發揮淨化空氣的作用。

而流進濕地的污水則會被植物過濾，有害的物質也會被微生物和細菌分解。

「濕地保育區」

⭐ 旨在保存魚塘的生態價值，濕地保育區內是不容許進行新發展項目。

魚塘：大小不一但相連的魚塘所組成的核心區域。
不容許進行新發展項目：為了規管土地使用和開發。

新發展項目：除非發展項目是對濕地的存護有利，或有助推行環保教育，或具有公眾利益而必須進行的基礎設施項目。

正因為濕地的功能舉足輕重，在濕地保育區內，並不容許有任何新的發展項目。

以規管后海灣地區的土地使用和開發。

米埔自然保護區

⭐ 米埔自然保護區由米埔沼澤及內后海灣的濕地組成,位處香港西北面,面積約達1500公頃。

⭐ 香港現存最大的濕地,更被譽為香港的「雀鳥天堂」。

⭐ 香港政府1995年根據《拉姆薩爾公約》將米埔后海灣地區列為「國際重要濕地」。

米埔自然保護區由世界自然基金會香港分會和香港漁農自然護理署聯合管理。

保護區的生態價值得到國際的公認呢!

還記得嗎?保護區受到哪條法列保護禁止公眾自行進入?

主要生境包括:

潮間帶泥灘[22]

泥灘是來港渡冬遷徙水鳥及春秋遷徙中濱鳥來覓食的理想場所。
泥灘亦是多種的無脊椎動物、甲殼類、彈塗魚及招潮蟹的居所。

后海灣的泥灘列入《野生動物保護條例》（第170章）的保護,亦是國際《拉姆薩爾公約》濕地中一部份。

候鳥遷徙是為了覓食而因應季節的變化從繁殖地遠走找尋食物的行動。

淡水池塘[23]

由雨水填滿而成,具有極高的動植物生態價值。
冬季時數以千計的野鴨來渡冬;夏季時兩棲類及蜻蜓在此繁殖,例如:斑腿泛樹蛙。

紅樹林[24]

泛指一些生長在熱帶及亞熱帶沿岸潮間帶地區的植物。后海灣紅樹林是香港最大的紅樹林,也是中國第六大受保護的紅樹林之一。總面積超過380公頃, 庇護著很多留鳥及候鳥如白頸鴉、蒼鷺等,供牠們棲息與覓食。

留鳥:指全年在本土逗留及繁殖的鳥類,香港約有1/5鳥類可被界定為留鳥。

---

22 世界自然基金會（香港）分會（無日期）。〈米埔濕地生境檔案 潮間帶泥灘〉。

23 世界自然基金會（香港）分會（無日期）。〈米埔濕地生境檔案 淡水生境〉。

24世界自然基金會（香港）分會（無日期）。〈米埔濕地生境檔案 紅樹林〉。

基圍[25]

由堤壆包圍而成的塘，藉海岸地區潮汐變化以運作的傳統蝦塘。

香港僅存仍在運作的基圍，亦是香港非物質文化遺產之一。
除了扶養魚、蝦、蟹等多種海棲無脊椎動物外，還為遷徙水鳥、哺乳類及爬行類
提供繁殖與棲息地，例如屬瀕危物種的黑臉琵鷺等等。

基圍興建的方法

在紅樹林的周圍挖掘河道 →
挖取的泥土來築成基堤 →
包圍水體及紅樹林 →
在近海的基堤增設水閘來控制海
水的進出以控制基圍內的水位。

原來這就是常聽到的基圍蝦！

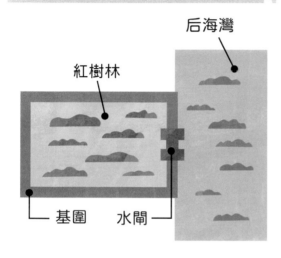

紅樹林
后海灣
基圍
水閘

魚塘[26]

具有重要的生態價值。當魚塘放乾時會招引到
數以百計的水鳥前來捕食。
后海灣的魚塘約800公頃，而以魚塘為家的搖
蚊會吸引空中覓食飛捕的野生生物，如蜻蜓及
蝙蝠等等。

現時世界自然基金會與漁民們成立伙伴計劃，
鼓勵漁民以傳統的養殖方式經營魚塘，
例如「綠魚兒計劃」便是其中之一。

蘆葦叢[27]

是一種多年生禾本植物。米埔基圍內是香港最大的蘆葦叢，約有46公頃。
蘆葦叢擁有豐富的生物多樣性，能找到約400種無脊椎動物，包括一種目前為止只在米埔
發現，並以米埔命名的飛蛾。

因此, 米埔自然保護區:

⭐ 為各種哺乳類動物、無脊椎動物、昆蟲及雀鳥提供安穩的棲息處。

⭐ 提供遷徙中的水鳥來香港渡冬時的棲息與覓食場所。

⭐ 能找到超過400種野生鳥類物種、 約30多種哺乳類動物、約100種蝴蝶、超過
50種豆娘及蜻蜓、多於50種魚類。當中包括：烏頭、碧翠蜓、豹貓、歐亞水
獺、黑臉琵鷺，及大彈塗魚等等。

---

25 世界自然基金會（香港）分會（無日期）。〈米埔濕地生境檔案 基圍〉。

26 世界自然基金會（香港）分會（無日期）。〈米埔濕地生境檔案 魚塘〉。

27 世界自然基金會（香港）分會（無日期）。〈米埔濕地生境檔案 蘆葦叢〉。

香港濕地公園

⭐ 位於新界天水圍北部，毗鄰米埔自然保育區。接近天水圍民居，總佔地約61公頃。

⭐ 香港最大的生態補償區，興建目的是為了彌償天水圍發展新市鎮時所損失的生態環境；作為天水圍與米埔后海灣拉姆薩爾濕地之間的人類及生物的生態緩衝區。

生態補償：
指為了平衡因開發造成的負面環境影響，讓生態影響的責任者承擔破壞環境的損失，並對生態環境作補償的一種機制。

生態緩衝：
指以保護濕地保育區為目標的緩衝區。而劃設濕地緩衝區，是為了令濕地保育區的生態環境保持完整，以及防止在濕地保育區外進行的工程對該區造成負面影響。

⭐ 戶外公園是人造濕地及為水禽而建設的生態環境，將淡水沼澤、泥灘，及蘆葦床等生境加進園區內，並成功吸引了各種野生生物在此棲息。

⭐ 設有觀鳥屋、紅樹林浮橋、漫遊徑等多個觀察生物的設施，讓公眾近距離觀賞不同生物。同時，成為了認識濕地的教育中心。

 根據《郊野公園條例》第24（1）條制定的2005年香港濕地公園（特別地區）令，將香港濕地公園指定為特別地區，授權郊野公園及海岸公園總監管理濕地公園！

 概念

濕地 濕地公園 生態補償區 生態緩衝區

請完成「香港的濕地公園」單元工作紙

單元港字典

多姿多采：內容豐富、變化多端。
例句：每逢假日，曉晴的家人都會帶她到香港各處遊歷，體驗多姿多采的生活。

過濾：篩選、揀選。
例句：啟用電話黑名單的功能後，在黑名單中的電話號碼都會被過濾掉。

庇護：保護、維護。
例句：自從戰爭出現後，大批受到戰火牽連的難民都被迫到其他國家尋求庇護。

棲身：居住、停留。
例句：他是一名流浪漢，沒有固定的棲身之所。

譽為：被稱讚為。
例句：張學友、劉德華、黎明和郭富城是香港九十年代時最受歡迎的四名男歌手，更被譽為「四大天王」。

遷徙：離開原來的居住地，遷移到他處。
例句：每逢非洲迎來旱季，數以百萬計的草食野生動物，為了尋找水源和食物而進行遷徙。

繁殖：繁衍、生殖下一代。
例句：細菌的繁殖速度非常快，因此，奶類製品不能放在室溫太久。

棲息：休息、停留。
例句：大海就是鯨魚的棲息地。

覓食：尋找食物。
例句：小狗被人類遺棄在路旁，只能從垃圾堆中覓食。

毗鄰：鄰接、相接。
例句：在香港，很多住宅樓宇毗鄰地鐵站，交通非常便利。

彌償：對所受損失提供補償。
例句：職業性失聰補償管理局，是旨在彌償因工作而引致聽力受損的政府機構。

七. 香港的海岸公園及海岸保護區

⭐ 香港共有5個海岸公園及1個海岸保護區，以保護香港海洋及生態。

⭐ 包括有：海下灣海岸公園、東平洲海岸公園等等，及鶴咀海岸保護區。

⭐ 海岸保護區的面積較海岸公園小，卻有很高的存護價值，因此管制非常嚴格。

存護價值：保護物種免受滅絕或傷害，以促進生物多樣性。

⭐ 漁農自然護理署只批准區內的科研活動，嚴禁所有水上康樂活動，例如釣魚等等。

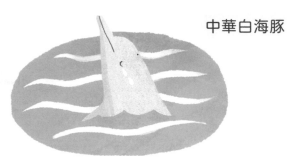

中華白海豚

沙洲及龍鼓洲海岸公園是我的家！
但近十年⋯我的親朋好友都消失了⋯

活動： 找找看

小朋友，你知道中華白海豚正在面臨哪些危機嗎？試把「危機」圈出來。

從這個活動中，我發現中華白海豚
受到 _____ 及 _____ 的威脅。

⭐ 中華白海豚面對不少威脅，
包括水質污染、繁忙的海上
交通及沿岸發展等等也會影
響牠們的生活環境。

💡 概念

海岸公園 海岸保護區 存護價值 海洋垃圾

請完成
「香港的海岸公園及海岸保護區」
單元工作紙

單元港字典

管制：管理、控制。
例句：中英街位於香港與深圳邊境，是受政府管制的區域，市民須申請許可證才可進入。

批准：上級對下級請求的事項表示同意。
例句：老師批准學生在教室裏吃零食，但必須保持地方清潔。

面臨：面對著、遇到。
例句：當面臨巨大的困難時，我們可以尋求家人和朋友的協助。

危機：潛藏的危險、禍害，或極度危險的緊要關頭。
例句：2008年，環球金融危機使全球的經濟大受影響。

威脅：以權勢威力強迫。
例句：香港富商李嘉誠的兒子李澤鉅曾經被綁架，對方威脅李嘉誠付出一筆巨額贖金才能釋放兒子。

繁忙：因事情很多而忙碌。
例句：爸爸的工作非常繁忙，經常加班到深夜才能回家。

八. 香港的水資源

⭐ 香港的供水現時由水務署負責。

香港的水資源來自：

1 由天然集水區收集的雨水。
2 購自中國廣東省的東江水。

水資源的用途：

1 淡水：食用、灌溉等。
2 鹹水：沖廁之用。
   ▶ 而淡水和鹹水分別由兩組完全獨立系統所供應。
   ▶ 迄今香港仍是世界上唯一全面使用海水沖廁的城市[28]。

水資源的處理：

原水成為食水必須經過處理過程，確保經處理的水完全符合食水標準，才能飲用。

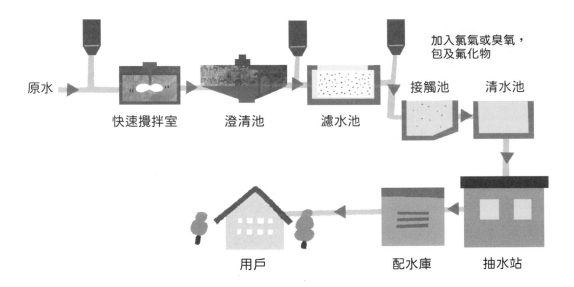

加入氯氣或臭氧，包及氟化物

原水　快速攪拌室　澄清池　濾水池　接觸池　清水池　用戶　配水庫　抽水站

● **加入氯氣或臭氧目的**

   進行消毒。臭氧還有效消除異味，並加強鐵及錳的氧化及減少氯氣使用劑量。但是投放臭氧後，不會在水中留有殘餘含量作消毒作用，因此仍需加入氯作消毒及保持食水在分配系統中含有殘餘氯。

● **加入氟化物目的**

   保護市民的牙齒。

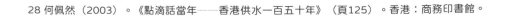

28 何佩然（2003）。《點滴話當年——香港供水一百五十年》（頁125）。香港：商務印書館。

⭐ 香港開埠初年，居民以井水、溪澗流水作為食用水。隨著戰後人口增加，對水資源的需求急劇增長，食水開始供不應求。

⭐ 為了解決「河流水系統不足」的問題，港英政府便開始投放大量資源在不同地區興建多個稱為「水塘」的儲水庫，為市民提供食水。

⭐ 自此，「雨量是香港水務的命脈；集水區便成為了香港供水的基本保障」[29]。

⭐ 1863年，港英政府修建了香港的第一個小型蓄水池「薄扶林水塘」，儲存雨水。直至1978年間，先後建了17個主要用於飲用水的水塘和水庫及大約11個灌溉用的水塘。

香港的水塘與集水區

香港約有 $\frac{1}{3}$ 的土地被規劃為集水區

香港的「世界級」大型蓄水工程：

💧 目前儲水容量最大的水塘是1978年興建的萬宜水庫，同時也是香港最後一個興建的集水區；第二大的水塘是1973年落成的船灣淡水湖，亦是全球第一個在海上建成的水塘。1975年落成的樂安排海水化淡廠是當時世界規模最大的海水化淡廠（但生產成本和保養費用高昂，加上東江水供應大幅增加，所以在1982年正式關閉）。

💧 當時，港英政府積極尋求自主供水，因此香港所有集水處均在主權移交前劃定的。

29 劉素（思匯政策研究所）（2013年7月）。《流動資產IV:一國兩制下的香港水資源管理》（頁9）。取自https://civic-exchange.org/wp-content/uploads/2013/07/569-201307WATER_LiquidAssets4_tc.pdf

所以，香港興建水塘及完善供水系統的兩大原因：
1 缺乏天然水資源　2 人口急速發展

圖片來源：Minghong, wikimedia commons CC BY-SA 4.0

▲ 萬宜水庫

東江水的由來

港英政府早已意識到單靠貯存雨水是不足以應付急劇增長的食水需求，但卻不想完全依賴中國。

時序線[30]

1960年

港英政府與廣東省當局達成協議，初期從深圳水庫輸入約2,270萬立方米的原水。

*縱然廣東省曾提出免費供水給香港，但港英政府以「香港當局」名義簽訂以付費方式購買協議，彼此達成首次的商業交易。

1963年

香港出現旱災

1965年

東深供水工程落成、港英政府與廣東省遵行第二份東深供水協議。購入6,820萬立方米的原水，並逐年遞增至1976年的1.09億立方米。

當時東江水輸港，有效解決香港對水的長期憂慮。

30 立法會秘書處資料研究組（2017 年 4 月 3 日）。〈資料便覽 東江水輸港概況〉（FSC09/16-17）。取自https://www.legco.gov.hk/research-publications/chinese/1617fsc09-overview-of-the-supply-of-dongjiang-water-to-hong-kong-20170403-c.pdf

1978年 港英政府與廣東省的第三份東深供水協議為1.45億立方米，之後按年遞增至1982年的1.82億立方米。

1979年 港督麥理浩到北京訪問，並與中共中央副主席鄧小平面談，提出香港前途問題並進行交涉。中英討論香港前途問題，得知中國決心「收回」香港。

1980年 港英政府與廣東省對協議的補充及修訂。根據協議，1982年提供2.2億立方米，每年遞增供水量，直至1995年。

1985年 東江供水超越本地供水。

1987年 第四份東深供水協議，簽署長期供水協議。1989年起，按年遞增供水至1995年的6.6億立方米。

1989年 第五份東深供水協議。1989年後，供水量按年遞增3,000萬立方米，增至 2000 年的 8.4億立方米。

*但是沒有可供彈性調整每年的水量條款。

*香港以預繳形式撥款一筆為數 15.8 億港元的水費，同時用以協助廣東省進行東深供水系統的擴建工程。

沒有可供彈性調整：指即使香港未能悉數抽取議定的供水量，也須按照原議定的供水量十足繳費，而且不可延至下一年抽取。

2006年-2020年 東江水供港協議採用「統包總額」方式，香港政府每年購買8.2億立方米的東江水。

香港水務署會參照水塘貯水量和降雨量，按月彈性調節輸港東江水的實際數量，務求更妥善控制水塘的貯水量，以及盡量減少水塘溢流的情況。

*但是，水費依然採用定額付款，以獲得每年供水量可達至協議所訂的上限保證，從而確保得到東江水供應。

即使按實際需求供水，但香港政府仍然須向廣東省每年支付固定水費總額；因而稱為「慳水不慳錢」。
好處是：有助香港控制水塘的儲水量，減少浪費和節省抽取過多水量到香港的電力成本。

2021年 2020年底，香港政府與廣東省政府簽訂2021-2029年供水協議，改為「統包扣減[31]」。指的是沿用「統包總額」方式，加入水價扣減機制。

東江水 知多點

由果籽製作：
《本土導遊細數殖民政府避用東江水
　狂起水塘海水化淡　領先全球》

「統包總額」：沒有用盡的東江水，仍然要香港全額付款。

「統包扣減」：新協議繼續沿用統包方式以訂明每年供水量上限（8.2億立方米），並加入扣減水價的機制，每年實際水價的計算會因應供水量上限與實際取水量的差額，乘以單位價格結算扣減款額，再從每年基本水價中扣減（香港政府預料期內最高可節省3.24億元）。

東江水供過於求

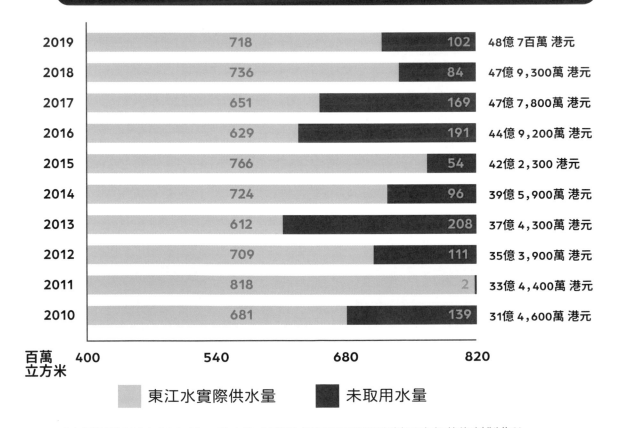

2010-2019年 香港 東江水實際供水量、未取用水量及總水價

年份	東江水實際供水量	未取用水量	總水價
2019	718	102	48億 7百萬 港元
2018	736	84	47億 9,300萬 港元
2017	651	169	47億 7,800萬 港元
2016	629	191	44億 9,200萬 港元
2015	766	54	42億 2,300 港元
2014	724	96	39億 5,900萬 港元
2013	612	208	37億 4,300萬 港元
2012	709	111	35億 3,900萬 港元
2011	818	2	33億 4,400萬 港元
2010	681	139	31億 4,600萬 港元

百萬立方米　400　540　680　820

　東江水實際供水量　　未取用水量

*上圖根據2021 年 3 月 5 日立法會秘書處資訊服務部資料研究組的資料製作[32]。

31 香港立法會秘書處資訊服務部資料研究組（2021 年 3 月 5 日）。〈東江水供應〉（ISSH19/20-21）。取自https://www.legco.gov.hk/research-publications/chinese/2021issh19-dongjiang-water-supply-20210305-c.pdf

32 香港立法會秘書處資訊服務部資料研究組（2021 年 3 月 5 日）。〈東江水的供應〉（ISSH19/20-21）。取自https://www.legco.gov.hk/research-publications/chinese/2021issh19-dongjiang-water-supply-20210305-c.pdf

資料顯示，
從2010年至2019年：

- 每年總水價持續上升。
- 東江水供過於求。
- 香港耗水量大。

你知道嗎？
「東江水」不能直接接駁香港供水系統，先要輸送到接收水塘，包括船灣淡水湖、萬宜水庫及大欖涌水塘。

透過水塘的大容量穩定水質，確保水質的風險受控。直到通過觀察期，才可以送到濾水廠處理。

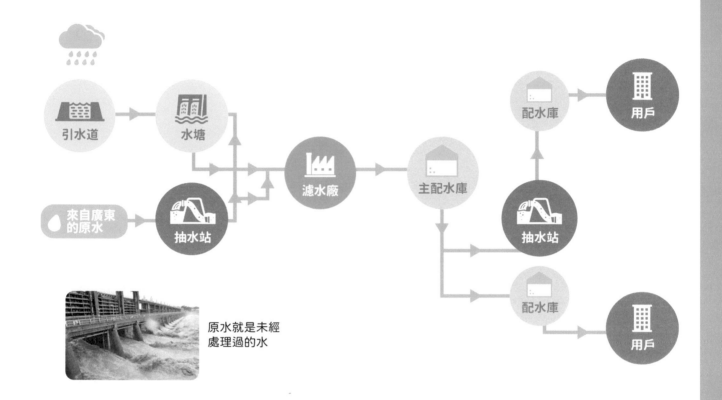

原水就是未經
處理過的水

⭐ 一直以來，港英政府非常關注香港供水的獨立性。

⭐ 但是，向廣東省購入淡水的決策，雖然解決了燃眉之急，卻奠定了對東江水的依賴。

⭐ 為了確保食水的供應量，香港政府應該促進水資源供應多元化，以實現自給自足。
　 例如：興建或擴建更多水利工程、發展海水化淡及循環再造水技術。

你知道嗎？

儘管港英政府不斷興建集水處，卻在1963年發生了嚴重的乾旱，使香港陷入嚴重的水荒。

港英政府因而實施「制水」措施並持續了一年。

香港曾經「制水」：　　實施食水管制。

1963年

- 5月2日起每日供水3小時。
- 5月16日起改為每兩日供水4小時。
- 6月1日進一步制水，每4天供水一次，每次4小時。

「樓下閂水喉」

恢復供水時，各家各戶同時打開水龍頭會使水壓變得微弱。
因此，高層居民要等低層居民關掉水龍頭才會有水流出，衍生了高呼「樓下閂水喉」的現象。

水桶奇陣

為了輪候食水，街上出現一幕「水桶排滿街」的情況。
當年水桶亦出現短缺，市民用各式的油桶、染料桶、火水罐改裝成水桶。

過往需要探頭出窗大叫：
「樓下閂水喉呀！」才有水用。
所以，要珍惜用水啊！

直到1964年5月27日颱風維奧娜吹襲香港，帶來滂沱大雨後才取消制水。

近年，香港政府開展了第一個以逆滲透技術運作的海水化淡廠工程——將軍澳海水化淡廠。

圖片來源：www.tkodesal.hk

水資源得來不易。
我們要學習珍惜水資源、節約用水。

小朋友，你能想到節約用水的方法嗎？（請把您的答案寫在橫線上）

....

....

小知識

我們可以從「水費單」得悉家中的用水量呢！
水務署的職員會上門「抄錶」計算住戶用水量。

> 抄錶：住戶的用水量是根據在該段時間內首尾兩次抄錄水錶所得的讀數來計算

香港水務處 水費單樣本

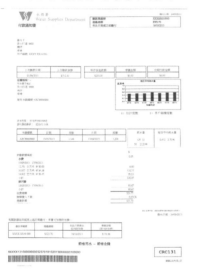

延伸知識

將軍澳海水化淡廠工程的第一階段建造工程計劃，已於2019年12月30日開始，並預計於2023年完成。

💡 **概念**　自主供水　集水區　東江水
供過於求　統包總額　統包扣減　制水
珍惜用水　節約能源

📄
請完成
「香港的水資源」
單元工作紙一、二

單元港字典

灌溉：用人為方法引水澆灌植物和田地。
例句：只要把埋在田地的種子加以灌溉，很快便能長出高高的芽。

迄今：至今、直到現在。
例句：《嚦咕嚦咕新年財》是2002年農曆新年上映的香港賀歲喜劇片，迄今仍然是很多香港人喜歡觀看的電影之一。

貯存：儲備、存放。
例句：在疫情期間，市民紛紛購買大量防疫用品貯存在家，以備不時之需。

> 廣東話稱「以備不時之需」為「看門口」。

依賴：倚靠
例句：宇謙不喜歡依賴別人的幫忙，凡事都會親力親為。

溢流：水滿向外流出。
例句：雨季來臨時，河川會因雨水過多而溢流。

上限：最大的限度。
例句：香港的雙層巴士載客上限約是150人。

接駁：接連載運。
例句：香港科學園提供免費接駁巴士來往科學園及大埔超級城。

燃眉之急：形容事態嚴重、危急的情況。
例句：劏房住戶明仔失業了，食物銀行為他提供了一些罐頭食物以解決他的燃眉之急。

促進：推動某事物，使其向前發展。
例句：香港消費者委員會定期抽查市面上的商品質素，以促進市民精明消費。

自給自足：生產足夠使用，能獨立維生，不需依賴他人。
例句：自從成年後，宇謙一直能自給自足，不再向父母領取零用錢了。

乾旱：因長期不下雨或水源不足，導致土壤過於乾燥的現象。
例句：已經連續三年發生乾旱了，農作物失收使農夫感到非常擔憂。

陷入：形容進入不利的境地。
例句：他長年入不敷支，不斷向財務公司借貸使他陷入困境。

水荒：嚴重缺水的現象。
例句：現在正值水荒，我們必須節約用水！

滂沱大雨：雨下得很大。
例句：受到颱風的吹襲，市區下起了滂沱大雨，甚至多處地方出現水浸。

九. 香港的生物多樣性

昨天，我到城門郊野公園時巧遇了一群獼猴，
牠們非常可愛。

除了獼猴外，其實香港還有很多野生動物的。
我們一同來認識吧！

⭐ 香港雖然高樓大廈林立、人煙稠密，但是郊野公園與保護區規劃有道，
讓香港蘊藏非常豐富的生物多樣性[33]與生態環境。

⭐ 而且市區與郊區相近，不需要長途跋涉也能感受大自然帶給我們的無憂
無慮的美麗。

香港的生物多樣性：

33 香港政府一站通（2020）。〈香港便覽 郊野公園及自然護理〉。
取自https://www.gov.hk/tc/about/abouthk/factsheets/docs/country_parks.pdf

生物多樣性

- 地球上所有生物的互相依存關係，使地球生態及資源因而得到平衡。
- 一般分為三個層面：基因、物種和生態系統。
  基因：同一物種中不同個體之間的差異。
  物種：同一生境或區域內的各類生物。

1 香港常見動物

各式各樣的野生動物在棲息繁衍，
較常看見蹤影的野生動物有：

箭豬

牛（黃牛/水牛）

野豬

猴子
（獼猴、長尾獼猴及混合品種）

赤麂

珠頸斑鳩

短吻果蝠

黑鳶（麻鷹）

彈塗魚

招潮蟹

2 香港珍貴稀有動物

歐亞水獺

穿山甲

豹貓

黑臉琵鷺

綠海龜

3 香港特有生物

盧氏小樹蛙

珀酣弄蝶

猜 猜 看

你猜猜以上哪些動物屬於「受保護動物」？
請把答案圈起來。

⭐ 為了保護野生動物與自然生態，香港於1976年頒布及實施《野生動物保護條例》
（香港法例第170章），以執行保育野生動物及相關的工作。

⭐ 而且，在《野生動物保護條例》中的附表2所指明的野生動物都是受法例保護，
任何人不得狩獵、故意干擾、售賣、出口、或管有受保護的本地野生動物。
如干犯法例，一經定罪，最高可被判罰款十萬元及入獄一年。　有關附表2可至下頁查看。

《野生動物保護條例》中的附表2所指明的
野生動物：

附表2

受保護野生動物

哺乳類

- 紅狐
- 蝙蝠
- 靈長屬(猴子等)
- 穿山甲
- 箭豬
- 松鼠
- 鯨屬(海豚、鯨魚、小鯨)
- 黃麖

- 獴屬
- 果子狸
- 七間狸
- 五間狸
- 水獺
- 鼬獾
- 豹貓
- 儒艮

爬蟲類

- 龜鱉屬(海龜、鱉、龜等) ● 緬甸蟒蛇 ● 巨蜥

兩棲類

- 香港蠑螈 ● 香港瀑蛙 ● 盧文氏蛙

昆蟲類

- 黃扇蝶

雀鳥類

- 所有野生雀鳥

即使沒有納入香港法例範圍內的「受保護動物」，也要好好保育與愛惜！

而且在郊野公園範圍內帶走任何野生動物或任何人闖入限制地區捕捉野生動物也是違法的啊！

在一般情況下，野生動物均會與人類保持距離。
我們不要試圖觸摸或騷擾牠們，就不會對我們構成威脅。
我們要尊重野生動物的生存空間，學習與牠們和諧相處。

漁農處

其實對野生動物的誤會，就是源於不了解！
如果有興趣可以到漁農處網站搜尋更多資料。

如果想了解更多香港的生態，
可以參加由長春社舉辦的
「綠遊香港」生態導賞團！

了解更多

概念 生物多樣性 受保護動物

請完成
「香港的生物多樣性」
單元工作紙

單元港字典

巧遇：剛巧碰上。
例句：你知道嗎？我剛剛在街上巧遇曉晴啊！

人煙稠密：人口密集。
例句：在人煙稠密的市區，要推行綠化是一件非常複雜的事情。

蘊藏：含有、積藏。
例句：很多人誤以為鑽石山蘊藏鑽石，但那裏當然沒有鑽石礦。

長途跋涉：形容路程長遠而艱辛。
例句：從新界上水出發，經過兩小時的長途跋涉，終於到達香港島的淺水灣。

無憂無慮：沒有事情需要擔心，形容心情悠然自得。
例句：假日時，孩子們無憂無慮地在中環海旁的嘉年華玩耍，還跟父母嚷著要坐上那色彩繽紛的摩天輪呢！

繁衍：因繁殖而逐漸增多。
例句：在污穢的環境下，老鼠的繁衍速度是很快的！

蹤影：行蹤、跡象或身影。
例句：在大帽山上，經常可以看到黃牛的蹤影。

頒布：政府將某項政令公告大眾。
例句：政府頒布新的防疫措施，禁止市民於晚上六時後在餐廳「堂食」。

干擾：打擾、妨礙。
例句：夜深了，請不要大聲喧嘩，以免干擾鄰居的睡眠。

違法：違反法律的規定。
例句：偷竊是違法的，不要因為一時的貪念而成為小偷。

一直以來，野生動物與人類和平共處。偶然有些動物因覓食或會誤闖市區。
但最近…

● 為何會出現野豬的爭議呢？ ●

- 2020年11月9日，一名香港警察遭野豬咬傷左小腿。

- 隨後，香港漁農護理署下達捕殺進入市區野豬的「殺豬令」，使用麻醉槍捕捉野豬並進行人道毀滅。

  人道毀滅：以造成較少身心痛苦的方式將動物殺死。

- 消息一出，引起社會極大迴響，亦成為各界與動物保護人士最為關注的議題。

「野豬事件」知多一點

觀看由眾新聞製作：

《香港這一天》
（2021年11月15日）

影片 0:00 - 11:21

觀看由毛記電視製作：

24 / 11《星期三港案》我們想生存，是錯嗎？

野豬不會主動攻擊人，
但當受到驚嚇或被挑釁時容易
作出攻擊性的行為。

知多一點

觀看由香港電台製作的：

《快閃香港：狩獵野豬巡邏隊》

《快閃香港：嚴禁民間狩獵》

野豬會傷人嗎？

野豬偶爾會到市區聚集和覓食，而2011年到2020年10月涉及野豬傷人的個案共有36宗[34]。

而野豬傷人的原因當中約45%是「人為餵飼」的，使野豬習慣性地向人類索取食物。

漁護署過往的做法是什麼？

從2017起，漁護署已暫停民間野豬狩獵隊的狩獵行動。

取而代之的是捕捉野豬後為其麻醉、注射避孕疫苗並戴上全球定位追蹤，再將其放回或搬遷到遠離民居的郊野地方。

34 香港政府新聞處（2021年11月21日）。〈漁農自然護理署署長談野豬管理新措施（只有中文）〉。《香港政府新聞公報》。取自https://www.info.gov.hk/gia/general/202111/21/P2021112100612.htm

當「殺豬令」實施後的做法是什麼？

漁護署在路面拋下麵包或食物以引誘野豬進入市區的「特定範圍」，
以麻醉槍捕獲後並用藥物作「人道毀滅」。

香港同是人類與野豬的家，彼此能共存。
我們也應愛護這個家的一份子！

同學們，你來找一找吧！
野豬有列入附表2中的「受保護動物」嗎？

活動：我是設計師

你也來試試設計一張海報及想一句標語吧！
主題：鼓勵大家愛護野生動物，實踐人類與自然和諧共處。

你的想法呢？
你認為人類與
野豬可以共融嗎？

除了野豬以外，早前香港政府
為了「抗疫」，讓倉鼠也難逃
人道毀滅厄運。

因為部份倉鼠被驗出對新冠病毒呈陽性，香港漁農自然護理署（在2022年1月18日）要求
自2021年12月22日或之後在香港寵物店購買倉鼠的人必須將倉鼠送作人道處理。

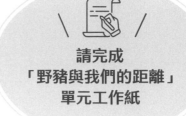

請完成
「野豬與我們的距離」
單元工作紙

單元港字典

誤闖：意外地走進某個地方。
例句：這個商場男女廁所的指示不清晰，引致遊客誤闖性別不同的廁所。

下達：由上級傳遞給下級的命令。
例句：老闆向員工下達無理的指令，要求員工不得休假。

迴響：回音，或受刺激所引發的回應行動。
例句：這次偏遠地區的募捐活動，獲得市民的廣大迴響。

索取：要求得到、討取。
例句：下週的兒童音樂會門票可以在香港大會堂索取。

拋：隨手向上或向外掉。
例句：「拋豆袋」是父母兒時最愛的遊戲。

厄運：困苦的遭遇。
例句：曉晴相信只要努力，總有一天能脫離厄運。

一. 香港的氣象特徵

⭐ 香港位於華南丘陵的最南端，由多個位於南海北部的海島及半島組成。

⭐ 香港屬於亞熱帶地區，每年均受季候風影響。

⭐ 天氣及季節的轉變深受鄰近地區所影響。

⭐ 每月的日照一般超過150小時，全年平均氣溫為攝氏23度，降雨主要集中在4至9月。

但是,香港的地形非常獨特!

受到地理位置及鄰近的海洋影響，氣候與其他亞熱帶地區也有差別！

一年四季的氣溫及濕度差別非常明顯，冬天也會比其他亞熱帶地區較乾冷。

還記得嗎？

香港是由多個海島組成！

💡 概念　氣象　華南丘陵
　　　　　亞熱帶

請完成
「香港的氣象特徵」
單元工作紙

攝氏：普遍使用的一種溫度標示，表示溫度的高低，符號為℃。
例句：因為全球暖化，這個夏天的氣溫高達攝氏45度。

明顯：明白顯著。
例句：爸爸的年紀大了，頭髮明顯變得稀少。

二. 香港的四季與氣候[35]

天氣	**氣候**
一個地區在短時間內（幾小時到幾天）大氣的變化情況（包括風速、溫度、降雨等氣象要素）。	一個地區在長時間內天氣的平均狀況及變化特徵，可以解作「平均的天氣」。

氣候是天氣要素的統計值；而天氣的例子是：溫度及濕度等等。

春天	夏天	秋天	冬天
3-4月	5-9月	10-11月	12-2月
多霧、毛毛雨、潮濕	炎熱、多雨	風和日麗、乾燥	乾冷、雲量多
平均 20℃-26℃	會升至31℃	平均約24℃	平均10-17℃

⭐ 香港的春秋二季短，只有兩個月。

濕空氣即濕度。

我曾聽過「香港的『濕凍』，世界第一」。

坊間的確流傳這個說法，但其實「濕凍」不一定比「乾凍」更冷。
根據香港天文台的說法：濕空氣的導熱能力比乾空氣低。因此，濕空氣比乾空氣令身體失熱的速度較慢。

所以，體感溫度才是關鍵呢！

35 許建忠、張思遠（2020年6月）。〈淺談季節的劃分〉。
取自https://www.hko.gov.hk/tc/education/climate/general-climatology/00545-definition-of-seasons.html

冬天時，香港受寒潮南下影響，俗稱「翻風」！

小朋友，你認為哪一個季節的天氣最好呢？為什麼？

活動：寫寫、畫畫

請你在以下空白位置繪畫出你最喜歡在這個季節中的打扮

我最喜歡的季節是 ＿＿＿＿＿＿＿＿＿＿＿

因為 ＿＿＿＿＿＿＿＿＿＿＿＿＿＿＿

我最愛在冬天穿上我最愛的兔兔毛毛Boot!

香港天文台的吉祥物
度天隊長

圖片來源：
香港天文台（2018）

概念　天氣　氣候

請完成
「香港的四季與氣候」
單元工作紙

 單 元 港 字 典

綜合：總合起來。

例句：老師需要綜合各位同學的意見，才決定秋季旅行的地點。

三. 香港會下雪嗎？

香港會下雪嗎？

香港位於亞熱帶，氣候比較和暖，
因此下雪的情況非常罕見。
但是，在香港自 1948 年以來有
四次降雪報告[37]。

形成下雪的條件[36]是：

1. 濕（大氣有充足的水氣，並達到水氣飽和）
2. 凍（溫度接近0℃或以下時）
3. 大自然的魔法（大氣中含有凝結核）

當溫度夠低，雲中的冰晶掉落時不會融化成
水滴，然後飄落地面，這就是「下雪了」。

所以：幾乎不會呢！

觀看由香港
天文台製作：
《冰雪蓋香江》
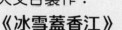

香港降雪報告摘要
(1948 年 1 月至 2014 年 2 月)

日期	地點	據報特徵　地面氣溫
1967年2月2日	歌連臣角懲教所	微小白色雪粒（約8-9度）
1967年12月13日	大帽山（近山頂）	非常輕微降雪；細小的雪花下飄（6-7度）
1971年1月29日	大帽山（近山頂）	雲霧中有雪花（約1度）
1975年12月14日	大帽山（近山頂）	輕微降雪（約零下3度）

凍雨在接觸到冰冷物件後
會立即凝固成冰塊。

所以：

⭐ 新界和高地的氣溫降至攝氏零度
以下，便有機會出現結霜現象。

36 天氣風險管理開發公司，賈新興及簡瑋靚（2018）。《天氣100問：最強圖解X超酷實驗 破解一百個不可思議的氣象祕密》。
　　台灣：親子天下
37 香港天文台（2014）。〈臨近冰點的香港 - 歷史角度〉。取自https://web.archive.org/web/20160305091443/http://www.weather.
gov.hk/prtver/html/docs/blog/b5/archives/00000159.shtml

請完成
「香港會下雪嗎？」
單元工作紙

單元港字典

飄落：緩緩落下。
例句：若頭皮過於乾燥，或會引致有頭皮屑飄落。

罕見：很少見、很難得遇見。
例句：在街上遇到明星是非常罕見的,但香港電影巨星周潤發卻時常出現在他家附近的大埔區街市及熟食中心,甚至在行山徑上也能見到他的蹤影,市民對於「野生捕獲」周潤發已經見怪不怪,但仍有一堆市民會紛紛排隊跟他合照。

四. 各式各樣的天氣警報

熱帶氣旋警告信號[38]

T1

一號戒備信號

有一熱帶氣旋集結於約800公里的範圍內，可能影響香港。

⊥3

三號強風信號

香港近海平面處現正或預料會普遍吹強風,持續風力達每小時41-62公里,陣風更可能超過每小時110 公里，且風勢可能持續。

▲8

八號暴風信號

香港近海平面處現正或預料會普遍受烈風或暴風從信號所示方向吹襲,持續風力達每小時63-117公里,陣風更可能超過每小時180公里,且風勢可能持續。

9

九號烈風或暴風
風力增強信號

烈風或暴風的風力現正或預料會顯著加強。

✚10

十號颶風信號

風力現正或預料會達到颶風程度,持續風力達每小時118公里或以上,陣風更可能超過每小時220公里。

還分為四個方向：
西北、西南、東北和東南

▲8 NW 西北　　▼8 SW 西南

▲8 NE 東北　　▼8 SE 東南

38 香港天文台（無日期）。各類警告定義。取自https://www.hko.gov.hk/textonly/v2/explain/introc.htm

 颱風？颱風是什麼呢？

香港天文台會根據風暴中心附近的風力來劃分，若風暴的風力達到每小時118公里或以上，就是「颱風」。

熱帶氣旋按風力劃分成熱帶低氣壓、熱帶風暴、強烈熱帶風暴、颱風等等不同的等級。

熱帶氣旋的類別[39]：

熱帶氣旋是根據接近風暴中心的十分鐘最高平均風力以分類。

熱帶低氣壓
指風力達每小時41至62公里

熱帶風暴
指風力達每小時63至87公里

強烈熱帶風暴
指風力達每小時88至117公里

颱風
每小時118至149公里

強颱風
每小時150至184公里

超強颱風
每小時185公里或以上

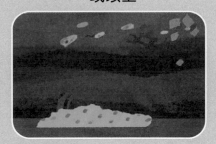

香港暴雨警告信號

Red 紅

紅色暴雨警告
香港廣泛地區已錄得或預料會有每小時雨量超過50毫米的大雨[40]，且雨勢可能持續。

Amber 黃

黃色暴雨警告
香港廣泛地區已錄得或預料會有每小時雨量超過30毫米的大雨，且雨勢可能持續。

Black 黑

黑色暴雨警告
香港廣泛地區已錄得或預料會有每小時雨量超過70毫米的豪雨，且雨勢可能持續。

39 香港天文台（2019）。熱帶氣旋之分類。取自 https://www.hko.gov.hk/tc/informtc/class.htm

其他常見警告[40]

黃色火災
危險警告

紅色火災
危險警告

雷暴警告

山泥傾瀉警告

寒冷天氣警告

酷熱天氣警告

霜凍警告

強烈季候風信號

海嘯警告

當遇上惡劣天氣的時候，我們該如何防禦呢？

香港「風暴潮」知多一點
觀看由香港天文台製作：
《風暴潮威脅宣傳短片》

活動：想一想

當正在懸掛…

應該怎麼辦？
試在橫線上寫上你的答案：

_____

_____

活動：配一配

小朋友，請到單元工作紙玩配對遊戲吧！

💡 概念　天氣警報

請完成
「各式各樣的天氣警報」
單元工作紙

40 香港天文台（無日期）。〈各類警告定義〉。取自https://www.hko.gov.hk/textonly/v2/explain/introc.htm

單元港字典

戒備：警戒防備，以防止發生突襲或擾亂的事情。
例句：為了防止罪犯再度回來騷擾受害者，社區的鄰居都加強戒備。

持續：繼續不斷。
例句：這場暴雨持續了三天三夜，原定到戶外遠足的計劃也只好取消了。

顯著：非常清楚。
例句：經過一番努力，宇謙的成績得到顯著的提升。

懸掛：張掛、吊掛。
例句：遠方的那一艘船正在懸掛美國國旗。

預料：事前的推測。
例句：本年度在香港會議展覽中心舉辦的書展，預料會受到疫情影響而延期。

五. 香港風災 知多一點

原來最近…香港也有一次非常嚴重的風災！
它就是2018年9月16日的超級颱風：「山竹」！

「山竹」襲港：

▲ 網上圖片／「山竹」二次創作

「山竹」知多一點
觀看由香港天文台製作：
《山竹特輯（一）：
破紀錄風王》

⭐ 香港錄得歷年以來最強的超級颱風：「山竹」，香港天文台位於北角的測風站錄得最高十分鐘平均每小時124公里的風速[29]。

⭐ 風暴使香港的水位升高超過兩米，引致多處出現水浸；亦造成建築物受到嚴重的破壞。

⭐ 受風災影響，樹木遭連根拔起。樹木倒塌導致道路堵塞，第二天的交通一度變得混亂，甚至癱瘓，市民上班的路線受阻。

⭐ 香港教育局宣布一連兩天中小學及幼稚園停課。

● 1962年颱風溫黛襲港，造成130人死亡，使不少香港人留下難以磨滅的沉痛經歷。

● 天文台自1883年成立以來，利用各類氣象儀器來預測天氣。1959年和1963年，分別運用氣象雷達和氣象衛星，預測颱風的移動途徑、強度以及帶來的雨量。這些儀器和技術有助天文台向市民發出警報，減輕天災所導致的人命和經濟損失。

**香港颱風之最
知多一點**

觀看由香港天文台製作：
《香港颱風之最》

提提你！在風暴來臨時應先做妥防風措施！

小朋友，你知道有什麼事前工作嗎？
請在空白地方寫上你的答案。

💡 概念　颱風

請完成
「香港風災 知多一點」
單元工作紙

41 香港天文台（2018）。《二零一八年熱帶氣旋年刊》（頁124）。取自https://www.hko.gov.hk/en/publica/tc/files/TC2018.pdf

六. 香港會地震嗎？

香港會地震嗎？

正因為不是處於強震帶，所以受地震的影響微乎其微。但當地震的震央在鄰近地區發生時，有機會感覺到搖晃。

有可能，但機會微乎其微！
香港位於歐亞板塊之上，但並非處於板塊邊緣，距離環太平洋地震帶較遠[30]。

地震知多一點

觀看由香港天文台製作：

氣象冷知識
《地震烈度》

💡 概念　地震 歐亞板塊
板塊邊緣 強震帶
震央

請完成
「香港會地震嗎？」
單元工作紙

單元港字典

微乎其微：形容非常少或極細微。
例句：他這個病十分罕見，痊癒的機會是微乎其微。

搖晃：搖擺、晃動。
例句：強烈的氣流使得整架飛機搖晃得非常厲害。

第五章: 香港的十八區

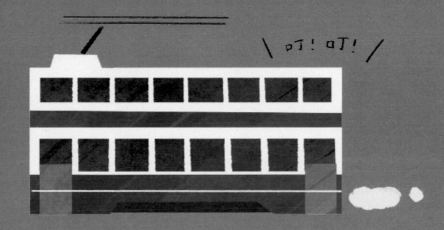

第五章：香港的十八區

爸爸，我聽說香港原來劃分成十八區。那麼，我們以前住在香港哪裏呢？

你年紀還小的時候，我們就住在長沙灣啊！

我知道！就是九龍的長沙灣區！

正確！其實，每個區域都各有特色與文化。

⭐ 在香港的三大區域中，還劃分成一些小區，形成十八個香港行政分區。

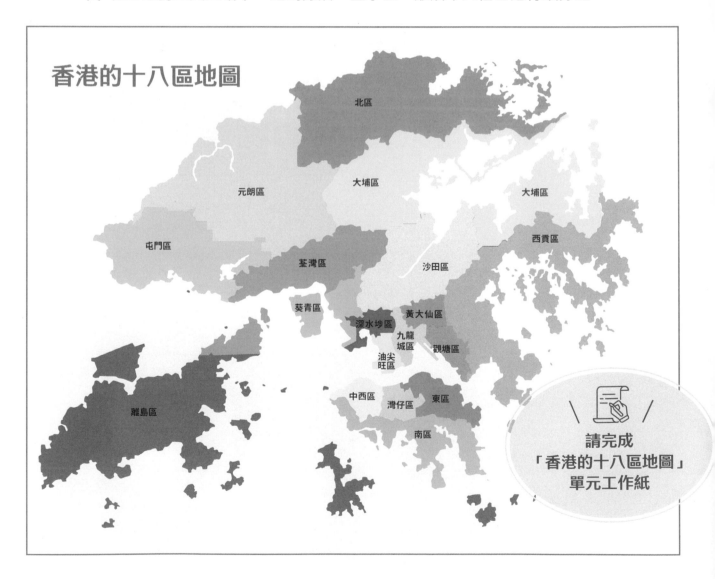

香港的十八區地圖

北區

大埔區

元朗區

大埔區

屯門區

西貢區

荃灣區

沙田區

葵青區

黃大仙區

深水埗區

九龍城區 觀塘區

油尖旺區

離島區

中西區

灣仔區 東區

南區

請完成
「香港的十八區地圖」
單元工作紙

二. 香港島的分區

維多利亞港

中西區　灣仔區　東區

南區

請完成
「香港島的分區」
單元工作紙

灣仔區

1. 由灣仔、銅鑼灣和跑馬地等地合併而成。
2. 從皇后大道東及跑馬地以北，至大坑及天后都屬於灣仔區。

▶ 位於香港島中部，是香港最早發展的地區之一。

▶ 灣仔區是貫穿中西區與東區的橋樑，交通四通八達，
十分便捷；區內商業大廈和購物商場林立。
因此，吸引了不少中產人士到灣仔置業居住。

📍 1. 勵德邨

▶ 位於大坑，是全港至今唯一的圓柱體公共房屋建築。

▶ 罕有的建築設計吸引了很多廣告、電影及劇集取景進行拍攝，
例如：《可口可樂》廣告及《攻殼機動隊》等等。

勵德邨的命名是為了表揚「公屋之父」鄔勵德。

圖片來源： Billy Yellow, wikimedia commons CC BY-SA 3.0

📍 2. 和昌大押

▶ 和昌大押是一排四幢相連陽臺式唐樓，前身是當鋪、
百貨商店及雀鳥店等。

▶ 經過香港市區重建局保育及翻新後，保留了建築物的
原貌，現時進駐了各大餐廳食肆及商店。

1. 陽臺又稱作「騎樓」。
2. 建築物的外牆由磚石砌成，內部以木為結構;充滿「老香港」味道。
3. 曾發生「市建局將天台列為『私人公共空間』」的爭議，現時和昌大押
的天台已經不可以供市民休憩或參觀。

圖片來源： KennethFKL1994, wikimedia commons CC BY-SA 4.0

3. 鵝頸橋橋底「打小人」

▶ 「打小人」是一種香港民間習俗，目的是趕走「小人」及祈求事事順利等，據說能有助實現願望。

▶ 早於2014年列入香港非物質文化遺產，也是熱門的香港本土景點。

「小人」象徵霉氣厄運及諸事不順。

圖片來源：
Billy Yellow, wikimedia commons CC BY-SA 3.0

圖片來源：Adam Kwok, wikimedia commons CC BY-SA 4.0

每年大坑都會舉辦舞火龍，
現已列入國家級非物質文化遺產。

・港故事・ **殖民地色彩的皇后大道東
(Queen's Road East)**

街道名字是為了以當時的英國維多利亞女王命名。原應譯作「女皇大道」，但卻誤譯為「皇后大道」，一直沿用至今。

香港曾經是英國殖民地，很多街道都保留了殖民地色彩。
例如以港督、殖民地官員、英國皇室貴族成員等等命名
的街道比比皆是。

去殖民化：指撤走或排除香港在港英
時期的殖民化影響及與英國的連繫。

在主權移交以前，一首《皇后大道東》的歌曲憑歌寄意。歌詞提及擔心主權移交以後的香港會出現「去殖民化」，也表達了對主權移交的徬徨與焦躁。
例如歌詞提及「旺角可能要換換名字」，正是象徵香港的事物或會改變。

最後，香港主權移交時，英式的街道名字得以保留。
但是，值得我們反思的是日後「殖民色彩」的事物仍會繼續保留嗎？

灣仔區的著名景點還有⋯⋯藍屋、時代廣場、利東街（囍帖街）、紅香爐天后廟、香港中央圖書館、維多利亞公園、香港大球場、合和中心、跑馬地馬場、虎豹別墅、「玩具街」及灣仔酒吧街等等。

灣仔區真是「文武兼備」啊！

是動靜皆宜吧！

概念　唐樓 騎樓 非物質文化遺產 打小人 殖民地色彩

單元港字典

橋樑: 比喻能作為溝通聯繫的人或事物。
例句: 學生會是學校與學生溝通和交流的橋樑。

四通八達: 形容交通便利。
例句: 荃灣區的天橋四通八達，對區內的居民來說，非常便捷。

置業: 購置產業，例如土地、房屋等等。
例句: 安居置業是很多香港市民的人生目標。

食肆: 餐廳。
例句: 香港食肆林立，二十四小時都能找到正在營業的餐廳。

祈求: 懇切的請求。
例句: 外婆的生日願望是祈求一家人幸福安康。

據說: 根據他人所說，而未必有真憑實據。
例句: 據說，長洲的張保仔洞，是海盜張保仔收藏寶物的山洞。

比比皆是: 到處都是，形容很多。
例句: 在外國難得一見的田雞，在香港的街市比比皆是。

文武兼備: 文才與武藝兼具於一身。
例句: 宇謙既擅長游泳，考試成績又名列前茅，真是文武兼備啊！

中西區 西

中區：金鐘、中環等；西區：西營盤、堅尼地城等；半山區：太平山等

▶ 位於香港島西北部，由中區、西區、半山區三個部份組成。

▶ 開埠初期最早發展的地區，區內充滿特色歷史遺跡，中西交薈，富有獨特的文化特色。

▶ 中西區是香港的「心臟」，集中了行政及商業中心、金融及法政中心；同時也是香港的「富貴區」，最多有錢人居住的地方。

區內商廈林立，部份更已躋身世界最昂貴商廈之列。

1. 香港中環半山扶手電梯

▶ 是世界最長的戶外電梯，連接半山區與中環商業區。

香港開埠初期，在中西區實施分而治之的「華洋分隔」居住政策。

1904年頒布《山頂區保留條例》：規定半山以上，華人不准居住。因此，西方人主要聚居於中環及半山一帶，而華人則居住於上環以西（西環）一帶。

圖片來源：deror_avi, wikimedia commons CC BY-SA 3.0

2. 石板街

▶ 即中環砵典乍街，是香港一級歷史建築。

▶ 因為這一區的地勢較高，很多街道十分傾斜；所以石板街運用花崗岩石塊鋪設，並設計成一凹一凸以方便行人。

▶ 現時依然保持歷史原貌，也吸引了很多電影慕名而來取景。

圖片來源：yeowatzup, wikimedia commons CC BY-SA 2.0

3. 海味街

▶ 位於中上環德輔道西、文咸東街、永樂街及高陞街一帶，專賣蔘茸、海味及藥材的老字號購物街。

▶ 開埠初期，華人集中在上環開設商店，因此部份商店更是「前鋪後居」的設計。

圖片來源：SSG 001, wikimedia commons CC BY-SA 4.0

▶ 位於上環，擁有百年歷史的山坡路。

香港市區重建局曾經提出收購以計劃興建大型住宅區。

「城皇街」知多點
觀看由Mill MILK製作：
《中上環城皇街》

圖片來源：Rememoancu, wikimedia commons CC BY-SA 3.0

‧ 港故事 ‧

中環成為香港最繁榮的地區與金鐘大有關連

原來的金鐘屬於中環的一部份，直至香港的地鐵沿線設立金鐘站，逐漸發展成為一個獨立的地名。

港英時期，中環劃分成為主要的商業區及行政區，並將金鐘劃分成軍事區。「金鐘」英文的「Admiralty」也正是英國皇家海軍總部的意思。至於「金鐘」的中文名字則是因為英軍兵房大門懸掛了一座銅製的大鐘以方便報時，因此華人稱此地為「金鐘兵房」，而附近也稱作「金鐘」。

現時，海軍總部遷至昂船洲。而香港的行政、立法、司法機構的主要部門都在金鐘設址，例如政府總部及高等法院等等。

中西區的著名景點還有……政府總部、蘭桂芳、PMQ、太平山、香港大學、永樂園、蓮香園等等。

💡 概念　香港心臟　華洋分隔　一級歷史建築　前鋪後居

中西交薈：中方及西方的特色融合在一起。
例句：香港曾經是英國的殖民地，中西交薈的建築隨處可見。

鋪設：鋪陳設置。
例句：傳統冰室的地板所鋪設的「馬賽克地磚」，是香港人的集體回憶。

慕名：仰慕某人或某地的好名聲。
例句：天星小輪是非常有特色的交通工具，中外遊客紛紛慕名乘搭。

東區

從銅鑼灣屈臣道至小西灣；地點包括北角、
鰂魚涌、西灣河及筲箕灣、柴灣及小西灣。

▶ 位於香港島東北部，範圍包括銅鑼灣東面至柴灣的沿岸位置。

▶ 開埠初期東區以漁業為主；到了十九世紀八十年代，太古公司發展成香港最龐大的工業區，例如船塢、糖廠等等；到了二十世紀九十年代再改建太古坊為「寫字樓」，吸引了不少跨國公司於此設置辦公室，成為新核心商業區。

　　太古坊的前身是太古糖廠，舊廠房翻新成工廠大廈，後再擴建、翻新及重建
　　並過渡至現時的高級商業大廈；太古坊也延伸了中上環的經濟商業功能。

📍 1. 太安樓

▶ 著名地標之一，是一個街頭小食的集中地。

圖片來源：YASUIOH TSUI, wikimedia commons CC BY-SA 4.0

📍 2. 怪獸大廈

▶ 由五座大廈所組成，包括海山樓、海景樓、福昌樓、益昌大廈及益發大廈，並組合起來形成了一個「E」字。

▶ 各個大廈單位很不規則，呈現凹凹凸凸的形狀，而且外牆色彩繽紛，形成一種強烈的壓迫感。

▶ 怪獸大廈是舉世聞名的香港景點，吸引來自世界各地的遊客前來遊覽拍照。

　　荷里活電影《變形金剛》曾在此處取景。

圖片來源：Sakaori , wikimedia commons CC BY-SA 3.0

「怪獸大廈」知多點
觀看由Mill MILK製作：
《怪獸大廈》

有關建築物的介紹從6:49開始。

3. 春秧街（北角電車總站）

▶ 香港的露天傳統市集（春秧街街市），路段可供電車穿過行駛，形成人車爭路的獨特景致。

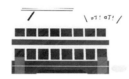

圖片來源：
Gutvoixam Radfwi Headzd, wikimedia commons CC BY-SA 4.0

東區的著名景點還有……蘇豪東、新光戲院、筲箕灣天后廟、油街實現、阿公岩及筲箕灣東大街等等。

💡 概念　　寫字樓　跨國公司　核心商業區
　　　　　　工業區　街頭小食

單元港字典

龐大：形容體形極大。
例句：維多利亞港水深港闊，可以讓龐大的貨船停靠。

船塢：用以停泊、建造或檢修船隻的地方。
例句：太古船塢是香港昔日的一座船塢，是當時亞洲其中最大規模的船塢之一。

地標：能標示該地區特徵的景觀或建築。
例句：旺角中心是旺角的地標，平價且實用的商店吸引了學生前來消費。

壓迫：用權勢逼人服從。
例句：已故的中國領導人毛澤東曾經說過：「哪裏有壓迫，哪裏就有反抗」。

舉世聞名：形容名氣極大，全世界都知道。
例句：香港是舉世聞名的金融中心，很多國際知名的金融企業都在香港設立分部。

南區 🚢

包括薄扶林、香港仔、大潭、赤柱（大街）、淺水灣、黃竹坑及香港仔等等。

▶ 位於香港島南部，是香港島面積範圍覆蓋最廣的行政區域。

▶ 人口主要集中在鴨脷洲、薄扶林和香港仔；而淺水灣、深水灣及壽臣山一帶則發展成低密度住宅區。

▶ 自古以來，以漁業為主；至開埠初年起，建設首個大型船塢——夏圃船塢，並在二十世紀五十年代開始發展成工業區。因此，南區過往是漁民的避風良港與經商之地。

> 港英政府曾經在區內設置炮台及重型工業；直至二十世紀六十年代，港英政府先後興建華富邨及漁光邨等公共房屋，讓漁民上岸定居。

📍 1. 香港海洋公園

▶ 海洋公園是香港重要旅遊地標之一，也是亞洲首個以海洋為主題的主題樂園，吸引了不少遊客。除了提供機動遊戲設施外，還有大型專題表演及海陸動物展覽，更一直致力於宣傳保育海洋生態。

圖片來源：Anniewongw, wikimedia commons CC BY-SA 3.0

> 自2014/15年度以後，香港海洋公園的入場人次及年收入持續下跌。近年，開始改變其營運模式——從主題公園重新定位為「休閒區」，並由香港政府撥款援助及紓困。

📍 2. 流記香港仔艇仔粉

▶ 「避風塘艇仔粉」是香港碩果僅存的地道美食，需要致電船家流叔才會開船駛過來，並在艇上售賣三餸河粉。

> 流記香港仔艇仔粉是現時香港碩果僅存的艇仔粉。

📍 3. 赤柱 美利樓

▶ 現今赤柱的著名地標，也是香港首座以拆遷形式復建的歷史建築物。

▶ 美利樓是一棟擁有160年歷史的殖民地式建築，原址位於香港島中環花園道與金鐘道交界，後遷往赤柱。

▶ 現在主要用途是餐廳、商店及博物館。

> 美利樓屬於早期殖民地建築物，被評為一級歷史建築；港英政府將整幢建築物完整保留，重建工程把原來建築物上的花崗岩逐塊拆下以保存，成為香港最大規模的古蹟搬遷工程。

圖片來源：Ryan Yeung, wikimedia commons CC BY-SA 3.0

南區還是香港擁有最多著名的沙灘的地區呢！

還有……淺水灣沙灘、大浪灣石刻、赤柱大街、
大潭水塘、數碼港、群帶路里程碑、伯大尼修院等等。

 概念　低密度住宅區
　　　　避風塘 拆遷

單元港字典

碩果僅存：比喻經過世事更替而極少數留存的人物或成果。
例句：在香港，大部份手造鳥籠店已經倒閉，太子雀鳥花園的「財記」是碩果
僅存的一家。

三. 九龍半島的分區

深水埗區
黃大仙區
九龍城區
觀塘區
油尖旺區
維多利亞港

請完成
「九龍半島的分區」
單元工作紙

九龍城區 共有五個分區，分別為：紅磡、土瓜灣、九龍塘(九龍城和九龍塘)、何文田和啟德。

▶ 位於九龍半島的中部。

▶ 九龍城極具歷史意義：

在香港殖民地時期，
九龍寨城是一處獨立自治的圍城。

① 九龍寨城曾是「三不管」之地，甚至是「黃、賭、毒」的溫床；被稱為香港傳奇，在國際間十分知名。
三不管是指：香港政府不敢管、英國政府不想管、中國政府不能管。

② 啟德機場（舊香港國際機場）曾是全球最繁忙的國際機場之一，位於高密度樓宇的市區，只有一條跑道，空域狹小。當時飛機近距離在頭上掠過的獨特情景，是很多香港人的集體回憶。

啟德機場曾經是「全球十大危險機場」，
因此遷至赤鱲角興建新的香港國際機場。

📍 1. 九龍城美食街

▶ 九龍城為潮汕及泰裔居住地，他們在區內衙前圍道、福佬村道一帶的內街開設潮、泰餐廳，並逐漸發展成國際知名的美食城。

過往九龍城一直沒有地鐵直達，
居民以巴士及小巴為公共交通工具往來各地。

自2021年港鐵屯馬線開通後，
乘坐至宋皇臺站就能到達九龍城。

「屯馬開通真的很興奮」～

📍 2. 寶石戲院

▶ 位於紅磡寶其利街，1971年開幕，曾經成為區內最大的戲院，也是現時香港碩果僅存的舊式戲院。

▶ 最大的特色是全港唯一以全「人手劃飛」的戲院，票價非常便宜。

圖片來源：Mandralimari, wikimedia commons CC BY-SA 3.0

購票時，戲院職員會在座位表及戲票上用手寫形式畫上記號，極具收藏價值。
它也是一所小型博物館，展示著象徵歷史的懷舊物品，包括舊式磅重機、菲林電影放映機、座位及時間放映牌等等。

📍 3. 牛棚藝術村

牛棚由政府產業署負責管理，大部分藝術家工作室並不開放參觀，但仍有藝術展覽及戲劇演出等供公眾參與。

▶ 原址是馬頭角牲畜檢疫站及屠房，停業後成為出租供本地藝術創作家開立工作室的空間。

▶ 園內為單層平房，皆由紅磚建造而成，並保留牛棚設施。

▶ 現時已評為香港二級歷史建築物，也是香港僅存由紅磚建構而成的屠房。

圖片來源：
Rutger van der Maar, wikimedia commons CC BY-SA 3.0

📍 4. 益豐大廈

很多港產片及荷李活電影經常在此取景。

▶ 位於土瓜灣道與浙江街口，合共有四座。

▶ 「E」型的建築，將建築面積「極限化」。
大廈的設計不但富有壓迫感，形成一種別有一番風味的香港本土特色。

益豐大廈 知多點
觀看由Mill MILK製作：
《土瓜灣益豐大廈真面目》

九龍城區的著名景點還有......
聖德肋撒堂、啟德郵輪碼頭、紅磡觀音廟、黃埔新天地（以船形建築的「黃埔號」）、宋王臺公園、樂善堂、時薪快餐店、豪華餅店及高山劇場等等。

聽說，九龍城區還是「名校網」呢！

是啊，很多所傳統名校也是座落於九龍城。可謂「名牌學府的集中地」，每年區內外家長爭奪學額的情況都會被各大新聞媒體報導。

💡 **概念**　九龍寨城　國際機場　集體回憶　高密度樓宇
人手劃飛　二級歷史建築物

單元港字典

溫床：比喻培養某種事物的有利條件或環境。
例句：我們的雙手，很容易成為細菌的溫床。

··

掠過：從⋯上面飛過的意思。
例句：每次鳥兒在曉晴的頭上掠過時，都會擔心鳥兒的大便會拉到頭上。

油尖旺區 卍　　由油麻地、尖沙咀和旺角組合而成。

▶ 九龍半島的核心地帶，位於西南部；全區以彌敦道貫穿，
是香港重要的交通樞紐。

▶ 十八區中面積最小的區域，人口密度極高。
現時演變為香港最繁榮的市區，區內大型商場、名店及商業大廈林立，也
保留了不少特色街道及歷史建築。

📍 1. 廟街

▶ 從每天傍晚開始，廟街的小販攤檔便會陸續營業，攤檔售賣的
物品相當多元化，包括手工藝品、古董及電子產品等等。

▶ 廟街內也有各式各樣香港特色小食攤檔，例如煲仔飯與大排檔
等等。

▶ 在榕樹頭天后廟外雲集了算命、占卜及唱戲表演等等，深受本
地與外地遊客歡迎。

圖片來源：
SUMRAMWY IURE,
wikimedia commons CC BY-SA 4.0

📍 2. 油麻地果欄

▶ 位於油麻地新填地街，是香港的水果批發市場，現時已被評
為香港二級歷史建築。

▶ 果欄的水果主要來自日本與外國，每天凌晨時分便是果欄最
活躍的時間，進行批發，而日間時段則零售買賣。

油麻地果欄保留了戰前建築特徵。
例如：雕刻在正立面及山牆的商販名稱等等。

圖片來源：
Lau LUO ZCHUNG Homa,
wikimedia commons CC BY-SA 4.0

3. 澳洲牛奶公司

澳洲牛奶公司受到疫情影響，
至今已數度休業。

▶ 佐敦非常有名的餐廳，餐廳的特色是「光速餐」及服務態度。

▶ 店員的工作節奏十分快，從客人落單到上菜，
甚至用餐後清理餐桌、離座結帳速度也非常迅速。

▶ 店員的服務態度「欠佳」，只要客人動作稍慢或會被「罵」，
例如催促客人落單等。

圖片來源：
Tobeianamsel, wikimedia commons CC BY-SA 3.0

4. 信和中心

▶ 被譽為「平民文化中心」，主要售賣動漫、唱片、電玩、明星商品及潮流產品等等。

▶ 無論年輕人或成年人都愛到信和中心閒逛購物，經常出現商場走廊被擠得水洩不通的盛況。

圖片來源：Sino3menz, wikimedia commons CC BY-SA 3.0

5. 天星碼頭

▶ 位於尖沙咀海濱，由天星小輪提供往來中環及灣仔的渡輪交通服務。

航行時間約8-10分鐘。

▶ 天星小輪既擁有超過一百年的悠久歷史，也是香港的指標式交通工具。

圖片來源：SANA Haoma 211, wikimedia commons CC BY-SA 4.0

▶ 天星小輪全年無休，而且價格親民；除了上班一族外，還吸引了許多旅客體驗穿梭維多利亞港以飽覽香港島及九龍半島兩岸的景色。

• 港故事 •

雷生春

電影《奇異博士》曾於雷生春取景，
設定「至聖所」。

雷生春是一座少數僅存騎樓的建築，被列為香港一級歷史建築，也是法定古蹟。現時，活化成為非牟利機構經營的中醫診所。

雷生春建於1931年，為九龍巴士的創辦人之一雷亮所有。原址是醫館和藥店，名字源自對聯「雷雨功深揚灑露，生民仰望藥回春」，寓意雷生春的藥品能夠妙手回春。

該樓是香港經典的上居下鋪設計，建築物的樓下是一家正骨診所，樓上是雷家的私人住所。建築的特色也帶有中西合璧建築風格。

油尖旺區的著名景點還有⋯⋯九龍公園、雀仔街、波鞋街、女人街（金魚街）、紅磚屋、油麻地警署、玉石市場、半島酒店、香港太空館、香港天文台、香港科學館、香港藝術館、香港歷史博物館、九龍清真寺及諾士佛台等等。

 概念 彌敦道 果欄 天星小輪

單元港字典

雲集：如雲般聚集會合。
例句：廚藝高強的廚師都雲集在「香港至尊名廚大賽」中，各人都準備爭奪冠軍寶座。

攤檔：出售貨物的攤位。
例句：每逢農曆新年，年宵市場內的攤檔從早上營業至深夜，向遊客推銷限量的賀年產品。

活躍：個性、行動十分積極。
例句：宇謙在探訪長者活動中表現得非常活躍，逗得公公婆婆們哈哈大笑。

稍：略微。
例句：只要用中火把雞蛋的兩邊稍為煎香，完美的「荷包蛋」就完成了。

水洩不通：形容包圍得極為嚴密。
例句：屯門公路經常因為各種事故而塞得水洩不通。

穿梭：像織布的梭子，往來次數頻繁。
例句：爸爸任職跨國公司，經常穿梭英國與香港。

飽覽：暢快的看。
例句：在香港的飛鵝山上，能飽覽黃大仙區的景色。

深水埗區 卼

主要由深水埗、石硤尾、荔枝角、西九龍填海區、美孚、長沙灣、又一村等七個地區組成。

▶ 位於九龍半島西北部，是貫通新界西及九龍的必經地帶。

▶ 是香港其中一個人口最稠密的行政區，區內以住宅為主，全港第一個公共屋邨（石硤尾邨）在此區落成。

▶ 區內沒有重大的經濟活動，甚至曾經成為香港最貧窮的行政區。此區有很多舊式唐樓，香港政府的房屋供應不足，使草根階層依然住在面積極小的板間房及劏房，生活在貧窮線下。

每人都應有權享受「適足住房權」！

「適足住房權」：任何人都有權利擁有安全、安定、有尊嚴的居所。

・港故事・ 　　　唐樓

位於深水埗欽州街51至53號的唐樓，屬於戰前唐樓，被評為香港一級歷史建築。

在香港政府還沒有大量興建公共房屋以前，大部份的香港人都是居住在舊式「唐樓」中。唐樓充分混合了中式及西式建築風格。唐樓的特色是沒有升降機、設有「騎樓」，一般樓高2至4層。而且，許多的唐樓都保留了舊香港上居下鋪的特色。

隨著香港的人口上升，面對房屋供不應求，便進入了高樓大廈的年代。為了迎合社區發展，大部份的唐樓被收購重建。

香港政府在戰後已經放寬對唐樓的高度限制（可以建造六層或以上）。而後來建成的唐樓更設有升降機等現代化設備。

📍 1. 黃金電腦商場

▶ 被譽為香港「秋葉原」，主要售賣電玩遊戲、電腦軟件及配件等等。

圖片來源：Wpcpey, wikimedia commons CC BY-SA 3.0

📍 2. 美荷樓

▶ 香港二級歷史建築物，是香港最早興建的「H」型徙置大廈。經過保育及活化後將地下及一樓設為公共房屋博物館（美荷樓生活館）以昔日居民的生活為展覽。其餘樓層則改建成為青年旅舍，吸引外地旅客居住。

圖片來源：Qwer132477, wikimedia commons CC BY-SA 3.0

▶ 美孚新邨充滿懷舊摩登風格，屋苑共有99座，是香港樓宇座數最多的住宅屋苑，一般均為一幢兩座式設計。

除了百老滙街23號、蘭秀道15號和第6期的蘭秀道46號外。

圖片來源：Modoaw Sah PUI Kunga, wikimedia commons CC BY-SA 3.0

💡 **概念** 公共屋邨　貧窮線　適足住房

單元港字典

港🔍

貫通：穿越、通連。　亦可指全面透徹地領會。
例句：獅子山隧道是香港最早通車的行車隧道，貫通新界與九龍半島。

稠密：多而密。
例句：香港人口眾多，住宅興建得非常稠密。

草根：比喻社會基層。
例句：香港的舊式士多販賣各類零食及飲料，價格較大型超級市場便宜，吸引了很多草根光顧。

摩登：新奇或合乎時尚的。
例句：外婆的穿著打扮很摩登，大家都誤以為她是我的媽媽。

幢：計算房屋數量的單位。
例句：聽說，早在五十年前，一幢房子的售價只是數十萬元。

黃大仙區

包括竹園、黃大仙、馬仔坑、牛池灣、鑽石山、慈雲山、斧山、樂富、橫頭磡、新蒲崗等地方；背靠獅子山、大老山及慈雲山。

▶ 位於九龍半島東北部，是香港唯一不是沿海的行政區。

曾有人提出將黃大仙區易名為「慈黃區」，引來爭議。

▶ 黃大仙古稱作「竹園」，「黃大仙」的命名源於區內的赤松黃大仙祠，也是香港唯一以神靈名字命名的行政區域。

▶ 區內以住宅為主，工業樓宇集中在新蒲崗工業區，亦有規劃郊野公園及多個休憩公園提供康樂設施。

📍 1.彩虹邨

▶ 它是一座於20世紀60年代建成的公共屋邨，曾在1965年獲得香港建築師公會（今香港建築師學會）的「銀牌獎」。

▶ 樓宇外牆以彩虹色為設計，羽毛球及籃球場成為近年熱門拍攝景點。

圖片來源：Honeybee, wikimedia commons CC BY-SA 3.0

📍 2. 紅A塑膠工廠

▶ 位於新蒲崗，昔日各行各業的工廠在此設置廠房，但後來 大部份已北移至中國。

工廠北移。

▶ 昔日，星光實業有限公司是香港最大的塑膠製品生產商，以「紅A」品牌生產及銷售包括廚房用品、家庭日用品、工業用品等等。至今，堅持「香港製造」的紅A仍然屹立於新蒲崗中央。

黃大仙祠每年吸引很多善信在農曆年初一前來搶頭炷香，香港藝人夏蕙BB便成為了每年頭炷香的焦點。

黃大仙區是充滿「香港味」的一區，區內沒有太多大型連鎖商店，反而舊式小店比較多。

黃大仙區的著名景點還有......
志蓮淨苑 南蓮園池、鳳德公園、獅子山郊野公園、牛池灣村、摩士公園、九龍城侯王廟、楓林軒、鑽石冰室等等。

單 元 港 字 典

塑膠：一種人工合成的有機化合物，廣泛應用於各種器材製作。
例句：把塑膠容器收集起來再回收，是媽媽的好習慣。

屹立：高聳挺立，比喻堅定不動搖。
例句：天壇大佛屹立在大嶼山上，看起來宏偉壯麗。

觀塘區

▶　位於九龍半島東部，香港首座衛星城市，也為九龍半島面積最大的行政區。

　　1. 包括觀塘、九龍灣、牛頭角、鯉魚門等等。

　　2. 衛星城市：是一種城市規劃，旨在市區的外圍建立可以自給自足的區域以緩和市區的承載力，例如完善基礎建設。

　　2.1. 港英政府建設衛星城市的原因：隨著香港市區（香港島及九龍半島）的人口增長，對住屋及就業的需要日益上升，但市區可用土地已接近飽和；因此，期望能促進市區人口遷移以分散市區內的人口密度，及鼓勵「原區就業」、減低交通運輸的負擔及對基礎建設的需求。

　　2.2.「衛星城市」現已統稱為「新市鎮」。

▶　至2020年[31]，觀塘區連續第四年成為十八區中最貧窮的行政區。

▶　觀塘道的西南面是工業區；而在觀塘道及鯉魚門道東北面則為住宅區。

▶　近年香港政府加速觀塘區的重建及土地規劃，銳意將其打造成為東九龍的樞紐，並轉型成香港第二個核心商業區。

例如興建大型商場、商廈及藝術園區。

觀塘還被貼上「最地獄上班地點」、「塞車地獄路段」等負面標籤呢！

31 香港特別行政區政府統計處，財政司司長辦公室，政府經濟顧問辦公室（2021年11月）。《2020年香港貧窮情況報告》。取自https://www.censtatd.gov.hk/en/data/stat_report/product/B9XX0005/att/B9XX0005C2020AN20C0100.pdf

1. 鯉魚門海鮮村

圖片來源：Ho Meimn Huixa, wikimedia commons CC BY-SA 3.0

▶ 位於油塘及三家村一帶國際知名的海鮮美食村，是世界各地海鮮愛好者的美食天堂。

▶ 由當地漁民開設的餐廳直接出售及烹調新鮮漁獲。

▶ 九龍半島的鯉魚門與香港島的鯉魚門兩岸更是維多利亞港最窄的一段距離。

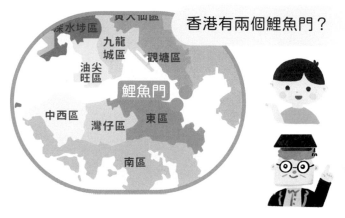

香港有兩個鯉魚門？

香港島的鯉魚門位於筲箕灣，著名景點是海防博物館。

而且，到鯉魚門還可以從西灣河碼頭坐懷舊小輪到三家村碼頭就能抵達呢！

2. 零碳天地

圖片來源：ken93110, wikimedia commons CC BY-SA 3.0

▶ 位於香港九龍灣常悅道，是香港首座零碳建築。

▶ 由香港建築業議會及香港發展局合作建造，展示環保理念及可再生能源技術。

▶ 免費開放予公眾參觀，宗旨是教育、推廣及實踐零碳排放生活，設有展覽館、綠色辦公室、公眾休憩等設施。

這就是「自給自足」的建築！

3. 九龍灣國際展貿中心

圖片來源：Baycrest, wikimedia commons CC BY-SA 2.5

▶ 位於東九龍海濱的大型展覽及會議場地。

▶ 每年承辦多項國際與本地的博覽會、表演活動、餐飲宴會等等。

◉ 4. 裕民坊

▶ 位置毗鄰觀塘道，分隔工商業區與住宅區。

▶ 裕民坊被納入「觀塘市中心重建項目」範圍，現已開始動工。

根據規劃大綱，原址將興建一座涵蓋零售、寫字樓和酒店的綜合商業大樓。但因應疫情影響，「酒店」或會擱置。

·港故事·　「搭棚」的藝術

「搭棚」是香港的文化傳統，是一種運用竹子搭建成築棚的建築技術。

而選用竹子搭棚主要是：「快、靚、正」（便宜、快捷、方便）。「搭棚」師傅會按照建築工程而搭建不同類型的竹棚。大致是以「尼龍篾」綑綁固定竹枝，成為建築師傅的工作台。

「搭棚」藝術也成為本土香港文化，揚威海外。香港的建築師與搭棚師傅曾多次到世界各地展示這項技術。更曾經有指，英國聘請香港搭棚工人到英國工作，成為一時佳話。

觀塘區的著名景點還有......APM、觀塘廣場、魔鬼山炮台、鯉魚門天后廟、佐敦谷公園、觀塘海濱花園、茶果嶺求子石、香港歷史檔案館、大王爺古廟、大孖醬園及觀塘花園大廈等等。

💡 概念　衛星城市 重建 零碳建築

單元港字典

銳意：指意志堅定。　 亦可指全面透徹地領會。
例句：這一區要進行拆遷重建，居民們銳意守護這個充滿回憶的地方。

烹調：烹煮調理食物。
例句：大排檔的吸引之處，是大廚即場為食客烹調美味的料理。

承辦：承接辦理，意指承接某人或機構的委託去辦理某事項。
例句：大部份的工程項目都是由承辦商以公開投標的方式競爭。

宴會：設置酒席款待賓客的聚會。
例句：華人父母會在嬰兒出生的第一百天舉行稱為「百日宴」的宴會慶祝，祝願孩子長命百歲。

四. 新界的分區

請完成
「新界的分區」
單元工作紙

荃灣區 　荃灣區以荃灣市中心為核心，包括梨木樹、汀九、深井、馬灣、大窩口、石圍角及柴灣角等等。

▶ 位於新界西南部，第二次世界大戰以後便發展成工業區及衛星城市。

▶ 荃灣以山地為主，而且靠近海邊，海岸線彎曲，因此區內大部份土地以填海而來。

例如荃灣廣場、港鐵荃灣西站，及柴灣角工業區等等。

📍 1. 馬灣 挪亞方舟

▶ 全球首個以1：1體積建成的挪亞方舟主題公園，結合娛樂、教育和環保為主題。

是一個寓教於樂的主題公園，還提供酒店、餐飲、博覽館、運動場地等多個元素。

📍 2. 川龍端記茶樓

▶ 位於川龍村，是到大帽山遠足的山客最愛的茶樓。

▶ 最大特色是以山水泡茶作招徠，是一所懷舊自助式茶樓，由開位、沖茶，到取點心都由茶客自助。最為著名的菜式是香港本地的西洋菜。

圖片來源：Wpcpey, wikimedia commons CC BY-SA 4.0

📍 3. 士林食街

▶ 位於荃灣鱟地坊，參考台灣夜市的港式夜市。

除了士林食街外，在路德圍也有眾多飲品店、街頭小食店。

荃灣的行人天橋滿佈，天橋從荃灣港鐵站，橫跨了荃灣廣場、荃豐中心、路德圍、大會堂、荃新天地及愉景新城等等。

圖片來源：Wpcpey, wikimedia commons CC BY-SA 4.0

荃灣區的著名景點還有……南豐紗廠、家樂冰廳、民豐粉麵行、城門水塘、大帽山郊野公園、元荃古道、德華公園、三棟屋博物館、馬灣魚排、深井天地父母廟、圓玄學院等等。

💡 概念　茶樓

單元港字典

招徠：吸引招攬。
例句：每年的香港美食節藉著各式各樣的優惠招徠一眾美食愛好者到場選購。

葵青區 ❋

▶ 位於新界西南部，由葵涌和青衣組成，是新界面積最小及人口密度最高的一區。

▶ 葵青區是香港重要的交通樞紐，從新界西北及大嶼山進入市區的第一站。
而且是香港的工業重鎮，很多工廠及商貿大廈座落於此區。
也是香港重要的經濟命脈之一，擔當香港出入口貿易的國際級貨櫃碼頭——葵青貨櫃碼頭設置在此區。

曾是全球最繁忙的貨櫃處理中心，
也是中國珠三角地區主要的貨櫃物流基地。

▶ 青衣島是將大嶼山連接市區的唯一橋樑，青馬大橋自落成以來成為香港的重要地標之一。

配合港英政府的玫瑰園計劃興建了青馬大橋。

📍 1. 青衣戲棚

▶ 位於青衣體育會球場內，於每年農曆三、四月舉行，
為了慶祝「真君大帝寶誕」及「天后寶誕」。

▶ 戲棚除了有粵曲（大戲）表演以外，亦設置數十檔小吃攤檔，這項盛事每年吸引很多香港市民前來。

媽媽每年都會帶我到青衣戲棚呢！

圖片來源：Will629, wikimedia commons CC BY-SA 4.0

📍 2. 葵涌廣場

▶ 毗鄰港鐵葵芳站，是香港多元小店的集中地，也吸引大量顧客光顧。廣場內除了服飾店、精品店等，還有不少街頭小食店，成為年輕人必到的勝地。

圖片來源：Wpcpey , wikimedia commons CC BY-SA 4.0

📍 3. 強記小食

▶ 隱藏於港鐵葵芳站後巷的小食店，經常「大排長龍」。

青區的著名景點還有......青衣海濱公園、青衣公園、葵青劇院、葵涌關帝廟、青衣天后廟、聖多默宗徒堂、和宜合道高爾夫球練習場等等。

 概念　戲棚

單元港字典

重鎮：重要的地區、位置。
例句：香港是世界的金融重鎮之一。

座落：位於某一特定的地方或位置上。
例句：青馬大橋座落於馬灣海峽，是前往香港國際機場的重要通道。

命脈：比喻影響生存發展的最重要因素。
例句：水資源是地球的命脈。

隱藏：難以讓人發現的意思。
例句：很多野生動物都隱藏在山林中，甚少影響市民生活。

大排長龍：形容排隊的隊伍很長。
例句：佐敦一家有名的「雞蛋仔」小食店，經常大排長龍。

沙田區

包括沙田市中心、大圍、火炭、石門、小瀝源及馬料水、馬鞍山及烏溪沙。

▶ 位於新界東部，是香港人口最多的行政區。

> 沙田站啟用後，新城市廣場及周邊基礎建設及康樂設施相繼啟用，同時也加速了沙田的人口增長。

▶ 自從九廣鐵路在此設站，沙田成為九龍與新界東北之間的必經地段。

▶ 沙田以填海造地方式增加土地供應，剩下中間深水的區域成為城門河的延伸。

▶ 港英政府興建的衛星城市之一，主要為住宅用地，也設有輕工業區。

> 輕工業區包括大圍、小瀝源、石門及火炭。

📍 1. 沙田中央公園

▶ 假日吸引很多遊客到河邊的沙田中央公園租借單車，由沙田城門河出發可以沿吐露港騎行，並到大埔、大尾篤或馬鞍山為終點。

▶ 但是，現時香港的單車徑仍然未完善，不是每區都設有單車徑，而且香港人多車多，導致單車需要與車爭路或騎出馬路的危險情況，因此在香港甚少市民以單車代步。

圖片來源：Wing1990hk，wikimedia commons CC

圖片來源：Wpcpey , wikimedia commons CC BY-SA 4.0

▶ 位於大圍的一座廟宇，現有廟宇建築物旁邊的舊廟被評為二級歷史建築。

▶ 據說，沙田曾經發生瘟疫，當時的鄉民請來車公神像，最後成功驅散瘟疫，因而建設廟宇供奉。

▶ 現時廟內設置一尊巨大的車公像，以及多座用來祈福許願用的銅風車，相傳轉撥風車能帶來好運。

哇！原來很多香港人都很相信宗教呢！　　這就是常提及的「求個安心」吧！

沙田區的著名景點還有......新城市廣場、龍華酒店、曾大屋、吳園、香港中文大學、彭福公園、香港科學園、望夫石、廣源邨商場（以紅磚建築）、沙田強記雞粥、沙田娛樂城等等。

每年端午節，沙田體育會會於城門河舉行龍舟競賽，吸引了大批傳媒到場直播與報導賽事，很多市民也會到兩邊河岸觀看賽事。

除了本地賽事之外，城門河也會舉辦國際龍舟邀請賽。

💡 概念 輕工業區

單元港字典

延伸：從這一方延長到另一方。
例句：居住在美國的外公告訴我們，家中的花園從家裡一直延伸到河邊。

瘟疫：流行急性傳染病的總稱。
例句：在疫苗仍未面世的年代，很多人死於瘟疫。

大埔區 🟢

包括大埔、大埔滘、船灣,和西貢半島北部。

▶ 位於新界東部,是香港第二大行政區域。

▶ 區內以八仙嶺作為分隔大埔區與北區的自然界線。

▶ 大埔區原是採珠業重鎮,現時已開發成新市鎮,而大埔工業邨更是本港製造業及服務業的集中地。

▶ 現時仍然保留不少傳統歷史遺跡,而郊區的景色秀麗是地質旅遊的勝地;與大埔新市鎮內各大商場林立的繁華景象形成強烈對比。

📍 1. 大埔林村許願樹

▶ 屬於香港的許願勝地。

▶ 榕樹被視為神靈,只要願望寫在寶牒並繫上重物,然後誠心參拜後將其拋上樹幹,不跌下來就能夠願望成真。

由於樹幹不勝負荷,現已改為塑膠樹及塑膠桔取代;而原有那棵許願樹已被列為二級受保護文物。

圖片來源:
Mkckim, wikimedia commons CC BY 3.0

許願樹的樹幹於早年不勝負荷,現在以塑膠樹取代了。

📍 2. 香港鐵路博物館

▶ 位於香港新界東大埔墟市中心,原址為舊大埔墟火車站。

▶ 是現時香港僅存的傳統中式風格火車站遺址,也被列為法定古蹟。

圖片來源:Nv7801 , wikimedia commons CC BY-SA 4.0

📍 3. 嘉道理農場暨植物園

嘉道理農場暨植物園的野生動物拯救中心成立於1994年,負責接收香港本地受傷及在非法貿易(走私)被充公的野生動物,並將成功拯救的野生動物遣送回棲息地為最終目標。

▶ 位於林錦公路半山,宗旨是促進人類與大自然和諧共存。

▶ 園內設有野生動物拯救中心、農業部、教育部、動植物保育部、污水處理示範及工作坊等活動可供市民遊覽及參與。

圖片來源:Chong Fat , wikimedia commons CC BY-SA 3.0

傳說中，紅van都是「亡命小巴」，從大埔到旺角的紅Van經常超速駕駛。

「紅van」更用作小說及電影題材：
《那夜凌晨，我坐上了旺角開往大埔的紅VAN》。

大埔區的著名景點還有......海下灣海岸公園、東平洲、大尾篤、元洲仔自然環境保護研究中心、鳳園蝴蝶保育區、慈山寺、香港童軍總會新界東地域總部、大埔頭村敬羅家塾、綠匯學苑等等。

💡 概念　　許願樹

單元港字典 📖港

繫：捆綁、佩戴。
例句：英國人民在和平紀念日當天，會將虞美人花繫於胸前以示悼念在戰爭中犧牲的軍人與平民。

不勝負荷：承受不住壓力、重擔。
例句：長久以來，媽媽身兼多職，終於不勝負荷而病倒了。

西貢區 🏔　　包括將軍澳、西貢市、壁屋、鹽田梓、大埔仔、坑口、寶琳及蠔涌等等。

▶ 位於新界東南部，涵蓋了廣闊的山林及70多個海島，被譽為「香港後花園」。

▶ 西貢維持低程度的開發，保留了很多自然郊野；將軍澳已開發成新市鎮，是西貢區內的商業活動與住宅集中地。

將軍澳與西貢市相距甚遠，卻非常接近東九龍，區內的大部分政府行政部門都是從屬東九龍。

📍 1. 西貢墟

▶ 漁民將新鮮漁獲批發給周邊餐廳，現時發展成為著名的海鮮街。

▶ 艇戶停泊西貢碼頭附近在艇上出售新鮮海產。

圖片來源：Alan Mak, wikimedia commons CC BY-SA 2.5

2. 前邵氏片場

▶ 位於清水灣，於1961年開幕，由邵氏兄弟興建的影城。

▶ 是當時國際最大的私營影城，被稱為「東方荷里活」。

▶ 影城的古裝街及民初街最具規模，
現時已被評為香港一級歷史建築物。

圖片來源：Lord Jaraxxus, wikimedia commons CC BY-SA 4.0

3. 浪茄

▶ 水清沙幼的沙灘，為西貢其中一條遠足路線必經之地。

▶ 沙灘沒有救生員，也不像鄰近市區的沙灘般人如潮湧。

圖片來源：Minghong, wikimedia commons CC BY-SA 4.0

西貢區的著名景點還有⋯⋯塔門、半月灣、麥理浩徑、
糧船灣、香港三育書院、坑口十八鄉、坑口天后廟、蠔
涌車公廟等等。

每次到西貢心情都會很興奮，我們一家到西貢
時可能會行山、郊遊，或遊船河！

🔆 **概念** 海鮮艇　一級歷史建築物

單元港字典

批發：商品成批、大量買賣。
例句：長沙灣的舊式商場內，仍然有不少成衣批發店，以便宜的價格出售衣物。

人如潮湧：形容人數眾多。
例句：假日走在人如潮湧的彌敦道，使我深刻感受香港的繁華熱鬧。

屯門區 🏠

包括青山、菠蘿山、新墟、市中心、大興、寶田、藍地、洪水橋、掃管笏及小欖等等。

▶ 位於新界西部，連接元朗、荃灣及珠江口。

▶ 屯門區是新界的衛星城市之一，在青山灣進行大型填海工程以增加土地供應，使區內大部份的住宅區都是填海而來。

▶ 區內交通方便，不但有輕鐵，還有單車徑配套；並以並以屯門公路為主要幹道連接新界西北及市區。

屯門公路經常發生塞車。

📍 1. 黃金海岸

▶ 位於屯門掃管笏，大型的酒店及消閒度假區，每逢假日吸引許多遊客前來。

▶ 設有酒店、購物商場、私人會所、遊艇碼頭及私人屋苑，設計風格均為西式別墅建築。

圖片來源：SH6188, wikimedia commons CC BY-SA 4.0

📍 2. 妙法寺 萬佛寶殿

▶ 位於藍地，是香港首座樓層式佛殿。

▶ 建築風格以彩色浮雕和華麗裝飾為主題，佛殿合共三層樓高，紅色外牆上盤旋著兩條巨型金龍，還有一頭石象和一對獅子守衛著入口，十分氣派。

▶ 位於妙法寺旁邊，於2007年建成的鑽石型綜合大樓成為藍地的地標。

圖片來源：Baycrest, wikimedia commons CC BY-SA 2.5

📍 3. 三聖墟

▶ 香港著名的海鮮市場。

▶ 遊客可以先在海鮮攤檔挑選海鮮，再帶到附近餐廳加工及烹調。

圖片來源：SH6188, wikimedia commons CC BY-SA 4.0

屯門區的著名景點還有……屯門公眾騎術學校、屯門高爾夫球中心、青山醫院、大興邨、V city、龍鼓灘、熊貓、嶺南大學、屯門避風塘等等。

屯門曾經是香港的偏遠郊野，
曾有人誤以為屯門人會騎牛上學。

> 🔆 概念　輕鐵 屯門公路

單元港字典

挑選：揀選、選擇。
例句：媽媽總愛與我分享在果欄挑選蘋果的技巧。

元朗區 🚉

包括屏山鄉、八鄉、新田鄉、廈村鄉、十八鄉、錦田、元朗及天水圍。

▶ 位於新界西北部，為「一區兩市」的行政區域，包括元朗新市鎮及天水圍新市鎮。

▶ 元朗市中心是元朗區的核心及商業中心，天水圍新市鎮以住宅為主。　　元朗也有工業區，位於元朗市中心的北面。

▶ 元朗是沖積平原，也是香港少有的平原；元朗北部與中國深圳相隔一條深圳河，
落馬洲是香港連接中國深圳福田口岸的所在地。

📍 **1. B仔涼粉 （佳記甜品）**

▶ 位於元朗鳳琴街，是元朗的「名物」，
也是馳名香港的甜品。

▶ 特色是「巨型」，甜品以「大盆」配上多款繽紛
水果及仙草涼粉，堆疊成一座小山。

▶ 「雞翼尖」也是必點的美食。

圖片來源：Ceedrom, wikimedia commons CC BY-SA 3.0

▶ 位於元朗橫洲，被紅樹林、蘆葦田及池塘包圍，
是「雀鳥天堂」，也是香港的「後花園」。

▶ 南生圍是著名拍攝電視劇、電影及婚紗照的景點，
假日吸引不少遊人前來。

▶ 現時仍然保留香港僅有的「橫水渡」交通服務。

圖片來源：FHKE, wikimedia commons CC BY-SA 3.0

元朗區的著名景點還有......大欖郊野公園、下白泥、香港濕地公園、屏山文物
徑、錦田吉慶圍、米埔、文天祥公園、紅磚屋及元朗舊墟等等。

元朗仍然保留了很多綠地，
原居民、丁屋及丁權在近年
也引起社會很多的爭議。

元朗有很多村屋，
感覺有很多「土皇帝」！

農曆新年的時候，在錦上
路與八鄉一帶都會聽到炮
仗聲。

我曾聽說天水圍被形容
為「悲情城市」。

其實天水圍很「日本」，例如有
輕鐵銀座站、「原宿地帶」商場
及日比谷商場等等。

我記得了！我們所學過的香港
濕地公園就是位於天水圍。

 概念　一區兩市 橫水渡

單元港字典

馳名：名聲遠播。
例句：菠蘿油是香港的馳名小食之一。

繽紛：雜亂而繁盛的樣子。
例句：宇謙擅長用繽紛的水彩繪畫風景畫。

堆疊：層層堆積。
例句：為了加快出餐的速度，茶餐廳侍應會預先把出前一丁從包裝取出，
堆疊在箱子內備用。

北區

還包括大鵬灣吉澳及鴨洲等離島。

▶ 位於新界北部，是香港第四大行政區，主要以上水、粉嶺、打鼓嶺及沙頭角四個地區組成。

▶ 從1970年代開始，發展成第二代的新市鎮。
　稱為上水新市鎮，建築密度和人口密度比大部份新市鎮為低。
上水和粉嶺陸續興建成現代化的社區，但是打鼓嶺仍然保留傳統農耕及墟市模式。

▶ 沙頭角的中英街擁有「一街兩制」的特殊情況。現時，中英街屬於「禁區」；若要進入中英街，需要持有禁區通行證方可進入。落馬洲是香港連接中國深圳福田口岸的所在地。

● 兩制：資本主義制度的香港，及社會主義制度的中國深圳。
● 禁區通行証：到粉嶺禁區通行證辦事處辦理手續。

沙頭角 知多點

觀看由果籽製作：
《帶你睇沙頭角歐陸式七彩公屋！》

📍 1. 聯和墟

▶ 位於粉嶺北部，是香港歷史悠久的墟市之一。

▶ 聯和墟街市於2002年啟用，
成為粉嶺居民的市場，也匯集了眾多街坊美食。

圖片來源：K.C. Tang, wikimedia commons CC BY-SA 3.0

▶ 而舊有的聯和市場現時已停止運作，也被評為三級歷史建築。
昔日戲院、露天市場等等的現代化設施，是很多粉嶺居民的集體回憶。

▶ 而附近的崇謙堂石碑刻上「所有牛隻不准繫於該處，以免阻礙行人，毀壞公路」，
證明香港昔日有「泊牛處」。

石碑位於安福街和安居街交界。

2. 鶴藪

▶ 位於八仙嶺郊野公園，並鄰近流水響水塘。

▶ 既是郊遊好去處，也是營地，每逢假日都吸引
非常多遊客前往。

▶ 非常適合初次體驗露營人士。

鶴藪水塘家樂徑。

3. 馬寶寶社區農場

▶ 位於粉嶺馬屎埔村梧桐河畔。

▶ 2010年成立，以實踐永續農業為基礎，定期舉辦農墟、導賞團、工作坊及耕種班，
推廣本土農業及自主生活、城鄉共生的永續發展。

▶ 近年，香港政府發展新界東北而被納入發展範圍，
現時已被收地，無奈結束運作。

北區的著名景點還有......印洲塘海岸公園、沙頭角蓮麻坑村、上水塱原濕地、粉嶺圍、上水
石湖墟、沙頭角下禾坑發達堂、粉嶺龍躍頭文物徑、上水河上鄉居石侯公祠、博文學校及麥
景陶碉堡等等。

我記得新聞報導曾經提及
上水是「水貨客集中地」。

因為上水的藥房及金鋪非常多，
因此水貨客會到上水搜羅奶粉、尿片、
日用品及化妝品等等轉售到中國。

「拖篋客」在社區到處
出沒，香港居民經常
「被碌腳」。

篋：行李箱
「被碌腳」：被行李箱絆倒。

因香港居民受到水
貨客的困擾，近年
出現「光復上水」
的遊行。

水貨客對香港居民帶來很多困擾，例如使區內衛生環境轉趨惡劣（棄置的紙皮、包裝，甚
至食物）、行人路被水貨客和行李箱佔據等等。而且，水貨客從上水廣場，延伸至粉嶺。

單元港字典

特殊：特別的、不同於一般的。
例句：漫畫裏的英雄都擁有特殊能力，例如：蜘蛛俠能從手中噴出蜘蛛絲。

匯集：聚集。
例句：只要把大家的意見匯集起來，便能決定這次畢業旅行的地點。

阻礙：阻擋、妨礙，令某事物不能暢順進行。
例句：即使明天下雨，也不會阻礙曉晴到主題樂園遊玩的決心。

毀壞：破壞。
例句：一場暴風雨，毀壞了陳伯伯的農田。

離島區

離島：包括東涌、梅窩、南丫島、長洲、坪洲及大嶼山等等。

▶ 香港面積最大的一個行政區域，包括大嶼山、香港南及西南面等20多個離島。

▶ 每逢假日，最熱門的南丫島及長洲都吸引很多遊客前往郊遊。

▶ 除了部份島嶼被列為「禁區」外，一般都可以在中環的港外線碼頭乘船前往。

1. 天壇大佛

▶ 位於大嶼山昂坪，是香港最大規模的佛教院寺，也是香港的地標之一。

天壇大佛 知多點
香港旅遊發展局：
【探索昂坪360—虛擬導賞】

📍 2. 大澳

▶ 被譽為「香港威尼斯」，也是香港的獨特景色。

▶ 大澳居民在海邊搭建「棚屋」，以半艇居的模式生活。

大澳是著名的魚市，販售海味及其加工製品為主。

▶ 現時為香港重要的旅遊景點，以蝦醬馳名國際。

▶ 每年的端午節大澳會舉辦端午龍舟遊涌，以龍舟進行巡遊及祭祀儀式，現已列入國家級非物質文化遺產。

圖片來源：Wing1990hk, wikimedia commons CC BY 3.0

大澳棚屋 知多點
由果籽製作：
《大澳棚屋》

📍 3. 長洲

▶ 香港的熱門島嶼之一，渡輪碼頭的海鮮餐廳林立。

▶ 島上設有渡假屋及酒店，而大魚蛋及芒果糯米糍是長洲的特色小食。

▶ 長洲每年舉辦的太平清醮是最大型的傳統節目，屆時會舉辦搶包山與飄色巡遊，現已列入國家級非物質文化遺產。

圖片來源：Man77, wikimedia commons CC BY-SA 3.0

📍 4. 南丫島

▶ 香港著名旅遊景點之一，島嶼形狀與「丫」字相似，因此得名為「南丫島」。

▶ 島上的榕樹灣大街為住宅區，而街道兩旁有很多具有異國風情的特色商店與餐廳。

▶ 著名的景點還包括南丫島漁民文化村、南丫島風采發電站及南丫島神風洞等等，每逢假日都吸引了很多香港市民到島上郊遊。

圖片來源：Minghong, wikimedia commons CC BY-SA4.0

港英時期的特色郵筒

1841年香港郵政署成立，由英國皇家郵政經營。因此，香港採用的郵筒大多由英國製造。當中，有部份由香港本地製造。在港英時期，使用的郵筒都是參照英國郵筒的風格製作。

郵筒都會鑄上郵筒製造時期的皇室徽號及皇冠標記，用以表示不同年代的英國皇室時期。現時，全港僅存59個在不同殖民地時期製造的郵筒仍在為市民服務。其中一個是位於南丫島索罟灣，是英皇佐治五世的圓柱型紀念郵筒。

隨著香港主權移交，大部份港英時期的郵筒都已經「退休」了。現時的郵筒從紅色圓柱型轉為綠色方型郵筒，現存的舊港英時期郵筒也被重新塗上綠色油漆。

▶ 郵筒是根據香港郵政署標誌使用的Pantone 340綠色。

正好體現了主權移交以後，
從日常生活中逐漸「去殖民化」。

圖片來源：《蘋果日報》

圖片來源：《蘋果日報》

💡 概念　港外線碼頭　棚屋　太平清醮

單 元 港 字 典

規模：形式、格局。
例句：叔叔公司的規模正逐漸擴大。

屆時：到時候。
例句：萬聖節的角色扮演大戰將在下月舉行，屆時小孩們會打扮成鬼怪狂歡一番。

如果你想更深入地了解香港十八區，可以到香港賽馬會製作的「港文化・港創意」360 虛擬導覽：

開始觀賞導覽

如果你對香港十八區有興趣，想了解更多地區的故事，可以到：

活現香港（Walk in Hong Kong）網站　　　活現香港（Walk in Hong Kong）Facebook

　　　參與線上虛擬導賞團！　　　

還推薦你閱讀這些繪本！

書名　《香港散步日常：手繪十八區生活・美食・風景》
作者　John Ho（何達鴻）
出版社　香港三聯書店

書名　《香港地區報：18區文藝地圖》
作者　鄧家宙　　繪圖　Carmen Ng
出版社　中華書局（香港）有限公司

五. 十八區的意義

⭐ 港英政府實施「地區行政計劃」，確立香港的區議會制度，將整個香港劃分為18個區域。

區議會的分區大致與現時相近。
當時的旺角區和油尖區分成兩個區域，
葵青區是荃灣區的一部份。

香港的區議會

簡介

分為十八個行政區。
2020 - 2023 年度的區議會合共 479 個議席，每屆區議會任期4年。

主要功能

● 作為香港的地方議會和區域組織。

例如：公共設施的提供和使用、
政府的地區計劃施行的先後次序和
地區公共工程和社區活動的撥款與
公帑的運用。

● 向香港政府提供意見：
   ❶ 討論市民日常生活事務
   ❷ 監督政府的社區事務
   ❸ 推動區內的康樂及文化活動

● 但沒有立法權與司法權。

區議會是香港的重要機關，
也是香港政府地區層面上的
「諮詢機構」。

區議員產生

1. **民選議員**

   投票方式採用單議席單票制，透過地區直選選出。　　2020 - 2023 年度的民選議員共452名。

2. **當然議員**

   在新界的九個區議會中，由區內各名鄉事委員會的主席擔任。

   2020 - 2023 年度的當然議員共27名。

   早在港英時期推行並保留至今。
   雖然推行政改方案時，泛民主派曾以私人草案方式要求取消區議會的當然
   議員議席，但一直沒有獲得通過。

1. 香港特別行政區永久性居民
2. 通常在香港居住
3. 已年滿18歲

2020 - 2023 年度區議會議席的分布

86名
建制派

5名中間派

388名民主派

自從《港區國安法》落實，
香港的區議會名存實亡：

▶ 2021年5月，香港政府通過修例以配合《港區國安法》而要求區議員進行宣誓儀式。宣誓內容：區議員必須擁護《香港基本法》以及效忠香港特別行政區。

▶ 在政府公布宣誓安排後，區議員相繼請辭。
但是，部分願意宣誓的區議員仍然被裁定不符宣誓要求而失去議員資格，只有少數非建制派議員可以留任。

中國的全國人民代表大會常務委員會2016年11月7日通過《關於〈中華人民共和國香港特別行政區基本法〉第104條的解釋》：

香港特區五類公職人員—行政長官、主要官員、行政會議成員、立法會議員、各級法院法官和其他司法人員就職時必須依法宣誓擁護《基本法》、效忠中華人民共和國香港特區。

而當時的香港行政長官林鄭月娥於2021年5月20日簽署經立法會通過的《2021年公職（參選及任職）（雜項修訂）條例》。

為什麼宣誓仍然不能留任區議員？

▶ 除了宣誓以外，仍要參考宣誓人以往的言行。
如果監誓人認為宣誓人的言行不符合誓詞要求，將判定為無效宣誓並不得重新安排宣誓。
因此，區議員便會喪失議員資格。

香港政府發表的《宣誓須知》對宣誓者衣著有非常詳細規定，例如必須穿著商務服裝且整齊得體。如被發現有政治化標誌便會喪失議員資格（被DQ）。

此外，場地設立各項規則，例如出席人士不得攜帶任何主辦單位認為可能影響宣誓儀式進行或對在場人士造成滋擾、不便或危險的物品進場，包括雨傘、防禦性裝備（如「豬嘴」防毒面具）、旗幟、橫額或彩旗等等。

區議員言行不符的意思：

▶ 香港政府在宣誓儀式之前向傳媒「放風」已訂立「負面清單」。

▶ 若區議員有符合「負面清單」的行為，宣誓便會被判無效，甚至要追討回全數薪水。

結果引發區議會翻天覆地的變化……
現屆區議會多個議席懸空。

原本479名區議員，只剩下148名區議員。

現屆香港政府亦不會進行區議會補選。

原來……香港政府正逐漸「去政治化」，
積極推行「完善選舉制度安排」。
但是，選舉亦完全失去了「民主」的意義。

主要參考

第一章

中國科學院華南植物研究所 (2003)，《香港稀有及珍貴植物》，香港：漁農自然護理署。

林準祥 (2019)，《香港・開港：歷史新編》，香港：中華書局。

香港海事處 (2023)，「香港港口與海事處歷史圖片廊」，取自https://www.mardep.gov.hk/theme/port_hk/hk/p1ch1_10.html。

馬金科 (2018)，《早期香港史研究資料選輯》，香港：三聯書店。

郭棐 (1990)，《粵大記》，《日本藏中國罕見地方志叢刊》，北京：書目文獻。

陳倫炯 (2007)，《海國聞見錄》，《文淵閣四庫全書電子版》，香港：迪志文化出版公司。

錦田鄧氏藏 (2023)，光緒20年 (1894) 重抄道光22-24年 (1842-44)《香港等處稅畝總呈》，取自：https://digitalrepository.lib.hku.hk/catalog/4j03f5130#?c=&m=&s=&cv=&xywh=-1464%2C101%2C4427%2C2201l。

饒玖才 (2011)，《香港的地名與地方歷史 (上)：港島與九龍》，香港：天地圖書有限公司。

第二章

Geoffrey Cadzow Hamilton (1963) Flag Badges, Seals and Arms of Hong Kong.

高馬可 (2021)，帝國夾縫中的香港：華人精英與英國殖民者》，香港：香港大學出版社。

彭定康 (2023)，《香港日記》，臺北：黑體文化。

彭定康 (2023)，《末代港督的告解》，臺北：一八四一出版社。

詹志勇 (2006)，《細說洋紫荊》，香港：郊野公園之友會、天地圖書有限公司。

劉智鵬／劉蜀永 (2019)，《香港史：從遠古到九七》，香港：香港城市大學出版社。

第三章

Welsh, F. (1997)，A history of Hong Kong. London: HarperCollins.

香港政府新聞處 (2022)，《立法會十一題：蒲台島的公共設施》，《香港政府新聞公報》，取自https://www.info.gov.hk/gia/general/202109/29/P2021092900363.htm。

徐振邦與陳志華 (2016)，《圖解香港手冊》(最新修訂版)，香港：中華書局。

黃梓莘 (2020)，《香港邊界走一回》，香港：萬里機構。

劉蜀永 (2016)，《簡明香港史》(第三版)，香港：三聯書店。

第四章

Wong, F.Y. (1988) Recreation Planning in Country Parks. Planning & Development Vol.4 (No.2), pp.62-68.

Wong, F.Y. (2013) HK Country parks: from where they come to where they go.

水務署 (2011)，《香港供水里程碑》，香港：水務署。

世界自然基金會 (香港) 分會 (2014)，《生命之延》，取自https://wwfhk.awsassets.panda.org/downloads/aboutlife_2014maipo_chi.pdf。

何佩然 (2003)，《點滴話當年──香港供水一百五十年》，香港：商務印書館。

明報編輯部 (2009)，《石遊記：香港地質公園探索》，香港：明窗出版社。

香港中文大學「自然保育在香港」課程同學 (2017)，《大學生眼中的保育與發展》，香港：天地圖書有限公司。

香港環境局 (2016)，《香港生物多樣性策略及行動計劃2016-2021》，香港：政府物流服務署印。

香港聯合國教科文組織世界地質公園 (2017)，《地質旅遊新概念》，香港：香港聯合國教科文組織世界地質公園。

楊家明 (2007)，《郊野叁十年》，香港：郊野公園之友會、天地圖書有限公司。

詹志勇、李思名與馮通 (2010)，《新香港地理》，香港：郊野公園之友會、天地圖書。

綠田園基金，《綠田園電子通訊，郊野公園的美德》，第138期，2013年10月2日，取自http://producegreen.org.hk/en138.htm。

歐麗梅、賀貞意及李美霞 (2013)，《香港國家地質公園地質公園導賞員手冊》，香港：天地圖書。

第五章

Sampson Wong (2022)：《香港散步學》，香港：白卷出版社。

民政事務總署 (2021)，《香港自遊樂18區》，取自https://www.gohk.gov.hk/chi/welcome/index.html。

新雅編輯室 (2021)，《石獅安安香港小百科趣味圖鑑》，香港：新雅文化事業有限公司。

鄧家宙（文）、Carmen Ng（圖）(2017)，《香港地區報：18區文藝地圖》，香港：中華書局（香港）有限公司。

饒玖才 (2011)，《香港的地名與地方歷史（上）：港島與九龍》，香港：天地圖書有限公司。

饒玖才 (2012)，《香港的地名與地方歷史（上）：新界》，香港：天地圖書有有限公司。

國家圖書館出版品預行編目

香港是我家. 單元一: 香港是何地(學生版) / 思故
鄉港教材企劃團隊作. -- 一版. -- 臺北市：釀
出版, 2023.11
　　面；　公分
　BOD版
　ISBN 978-986-445-876-9(平裝)

　1.CST: 人文地理 2.CST: 文化
　3.CST: 香港特別行政區

673.84　　　　　　　　　112017516

思故鄉港教材系列

香港是我家 單元一：

香港是何地（學生版）

作　　者　　思故鄉港教材企劃團隊
　　　　　　臺北市松山區民生東路三段130巷5弄22號2樓
　　　　　　電話：02-25465557
總 編 輯　　黎智豐
編輯成員　　張逸峰、寶兒老師
繪圖排版　　Jo
校　　對　　林慧行
鳴　　謝　　吳凱霖、鄭家朗
合作出版　　釀出版
印製發行　　秀威資訊科技股份有限公司
　　　　　　114 台北市內湖區瑞光路76巷65號1樓
　　　　　　電話：+886-2-2796-3638　　傳真：+886-2-2796-1377
　　　　　　http://www.showwe.com.tw
郵政劃撥　　19563868　戶名：秀威資訊科技股份有限公司
　　　　　　讀者服務信箱：service@showwe.com.tw
網路訂購　　秀威網路書店：http://www.bodbooks.com.tw
法律顧問　　毛國樑　律師
總 經 銷　　聯合發行

出版日期　　2023年11月　BOD一版
定　　價　　560元

讀者回函卡